# マルタ騎士団

## 知られざる領土なき独立国

武田秀太郎
九州大学都市研究センター准教授
マルタ騎士団ナイト・オブ・マジストラル・グレース

The Order of Malta
An Overview of Its History

中央公論新社

本書を、現代の騎士たちに捧げる。わけても、日本への支援活動のため献身するマルタ騎士団東南アジア・太平洋地域担当大使 Confrère J. T. Dominguez KCSG CBE AM 閣下、香港支部長 Consœur Désirée Jebsen 伯爵、マルティザー・インターナショナル前総裁 Confrère Constantin von Brandenstein-Zeppelin 伯爵に。

そして、私の最大の支援者である妻に。

Tuitio Fidei et Obsequium Pauperum.
〈救貧と信仰の守護者〉

## マルタ騎士団国歌「讃えよ白き十字架 Ave Crux Alba」

讃えよ　白き十字架を　いと高き信義の証し
讃えよ　白き十字架を　希望と清貧の唯一の源

敬虔なる騎士の心に　湛えよ慈しみ　湛えよ慈しみ

汝の至高なる慈善心が　往く道の困難を打ち払わん
汝の至高なる慈善心が　往く道の困難を打ち払わん

エルサレム、ロードスおよびマルタにおける聖ヨハネ主権軍事病院騎士修道会は、騎士道と貴族の伝統に拠り、エルサレムの聖ヨハネ病院で奉仕する者たちから生まれた。彼らは、巡礼者と東方のキリスト教文明を守護すべく、騎士道的献身によりその任務を慈善事業から拡大するよう歴史に要請され、後にロードス島、そしてマルタ島の主権者となった。

——マルタ騎士団憲法第一条第一項　騎士団の本質と起源

騎士団は、病者、貧者、難民のため、宗教、民族、性別、出自、年齢の区別なく慈善活動を行う。特に歴史的災害と戦争の犠牲者に社会・医療支援を提供し、キリストの慈愛を証しすることで、我ら騎士団はその社会的任務を遂行する。

——マルタ騎士団憲法第二条第三項　騎士団の目的

マルタ騎士団の掲げる赤地に白十字の国旗は、古く1130年に教皇勅令によって騎士団が聖地で携えた軍旗にまで遡る、世界最古の国旗である。

八つの尾を持つマルタ十字は900年余りの間、騎士団が貫ぬく信念の象徴で有り続けてきた。その四つの腕は、騎士の有するべき慎み深さ、節制、正義、不屈の精神を象徴する。八つの尾は、謙虚、思いやり、礼儀、献身、慈悲、清らかさ、平和、忍耐を意味する。マルタ十字は今日でもなお国際人道組織としてのマルタ騎士団の団旗として、その支援活動が展開される世界各地で風を受け翻っている。

マルタ騎士団中央政府（イタリア・ローマ）

マルタ島（左）およびロードス島（右）における騎士団の城塞、および歴代騎士団総長の紋章

ヨーロッパ本土に広がる騎士団の拠点、および騎士団八軍団の紋章

# 緒言　救貧と信仰の守護者

この世界には、日本人の知らない「領土なき独立国」が存在する。その世界最小の独立国は、脇を行きかう慌ただしげな観光客の足音も知らぬげに、その佇まいを涼やかにローマに置いている。

その独立国は、名を「マルタ騎士団」と言う。

一千年近い歴史を誇る、西洋世界最古の組織の一つ、マルタ騎士団。彼らは一二世紀の十字軍の揺籃に誕生し、真紅に白十字のサーコートを艶やかに翻し、地中海を転戦した精鋭武力集団である。だがそんな彼らが、二一世紀の現代に至るまで存続を保ち、今日でも国連に席を有し、独自のパスポートを発行していることを知る日本人が、一体どれだけおられるだろうか？

本書は、マルタ騎士団中央政府の協力を得て、日本人の知らないこの「領土なき独立国」の歴史と実相を紐解《ひもと》く、邦語で初めての書籍である。

正式名称を「エルサレム、ロードスおよびマルタにおける聖ヨハネ主権軍事病院騎士修道会」という世界最古のこの騎士団は、その名が示す通り、始まりはささやかなカトリックの一修道会に過ぎなかった。しかしこの一修道会が、長い年月の間に次々と特権を得て、ついには統治する領土と民とを獲得し、国家主権を認められてしまったところに歴史の面白みがある。

そもそも、「騎士団」と聞いて多くの日本人がまず想起するのは銀幕の中のファンタジーかもしれない。だが騎士団とは、中世の十字軍運動の只中に産み落とされ、その後も数世紀に亘って影響を保ち続けた、れっきとした歴史上の政治勢力である。その発端は、騎士たちが集い、独身・私有財産の放棄・命令への服従という修道請願を立て、自発的に修道士として共同生活を始めたことに由来する。

マルタ騎士団もまた一一世紀、聖都エルサレムに建つごく小さな病院に献身する騎士たちの小規模な修道会として誕生した。この騎士たちの修道会＝騎士団には、十字軍熱という世相を反映するように、世俗権力からの独立や免税などの大特権がローマ教皇により与えられ、あたかも今日の国連がそうであるように、国家の枠を超えて志を同じくした多国籍の騎士たちが参集した。その意味で騎士団とは、歴史で初めての国際機関と言えるかもしれない。

だが、聖都の小さな病院に集った彼ら病院騎士〈ナイツ・ホスピタラー〉たちは、十字軍という時代の奔流に巻き込まれると、病者と貧者への奉仕という当初の任務から引き離され、舞台を戦場に移すようになる。破竹の勢いで侵略を重ねるイスラム教に対抗する、キリスト教世界の希望の剣。それこそが、彼ら騎士たちに対する歴史の要請であった。

そうしていつしかマルタ騎士団は、貴族が名を連ねる綺羅《きら》びやかな精鋭武力集団へと変容し、イスラム教徒との前線を追いかけるかのように地中海を転戦した。そして運命の糸に導かれ、まずロードス島に、そしてその名の所以となるマルタ島へと、その本拠地を移すのである。

一六世紀。マルタ騎士団は実に八割の死傷者を出しながらもオスマン帝国による大包囲戦からマルタ島を護り抜き、オスマン帝国に初めての敗北を与える。ここに騎士団の名声は最高潮に達し、マルタ島には世界で最も先進的な大病院、美麗な宮殿や聖堂、そして庭園とが次々と建設されると、この小さな島は地中海の宝石箱として栄華を極めた。

　マルタ騎士団は、マルタ島を統治する独立国として、疑いなく国際法上認知されていた。

　一八世紀末、歴史の必定により騎士団がマルタ島から退去した時、統治すべき領土を失ったこの騎士団であるが、「マルタ騎士団＝独立国」という国際法上の認知のみは奇跡的にこれをその手に残した。別言すれば、領土は無くともマルタ騎士団は未だ主権を有していることを、国際社会が認めたのである。

　こうして、「領土なき独立国」という唯一無二の独立国が、世界に誕生した。


　結果的にマルタ騎士団は、マルタ島という地を失うことで物理的な制約から解き放たれ、真に全世界に羽ばたく組織へと脱皮した。この騎士団は、その使命の原点に立ち返ると、主権を活かした人道外交を世界中で展開することにより、一二〇ヶ国で活動する世界有数の人道支援団体にと生まれ変わったのである。

　今日、マルタ騎士団には全世界で一万三五〇〇名の騎士が所属し、約三〇〇〇億円に達する年間人道支援予算をもって、九万五〇〇〇人のボランティアと五万二〇〇〇人の医療専門職員が日々身を粉にして国際支援に励んでいる。

　三〇〇〇億円という予算は、例えばアフガニスタンなどと同規模である。騎士、ボランティアと職員を全て合わせた一六万人は、リヒテンシュタインやモナコ公国の約四万人という国民数を大きく上回る。さらにマルタ騎士団が世界中で運営する二〇の総合病院、三三の救急車部隊、一一〇の老人介護施設、そして一五〇〇の医療センターという数もまた、小国を凌駕する。すなわちマルタ騎士団は、十分に世界のミニ国家〔バチカンやサンマリノなど〕に匹敵する国力を今も有しているのである。

そしてマルタ騎士団は、憲法と法律を備え、三権分立に配慮された中央政府を有し、一〇〇を超える国家と外交関係を有し治外法権の認められた大使館を置き、国連や欧州連合に席を有しているのである。

そこでは、代々続く貴族から、ごく一般的な市民まで、様々な職業と人種の現代の騎士たちが、ある人は外交に、ある人は国際支援に、誰もが無私の精神で現代に騎士道精神を発露し今も弱者に手を差し伸べている。

国力も、主権もある。だが領土がない。それが、今日のマルタ騎士団である。

まるで空想譚の産物のようなこの騎士団が、なぜ今も小国に匹敵する勢力を維持し、世界中で人道外交を展開出来ているのだろうか。マルタ騎士団について知られた方は誰しも、次の問いを禁じ得ないだろう。国家とは、何であろうか？

本書ではマルタ騎士団という歴史を超えた独立国の一千年の旅路に読者の皆様を誘い、この唯一無二の歴史の英雄の実相を明らかにしたいと思う。

マルタ騎士の捧げる日課の祈りをもって、読者の皆様とこの長い旅路を始めたい。

## マルタ騎士の日課の祈り

主イエスよ、

あなたは私をエルサレムの聖ヨハネ騎士に相応《ふさわ》しいとお認めになり、あなたへの献身のため、その序列に加えて下さいました。

聖母フィレルモス、洗礼者聖ヨハネ、福者ジェラール、騎士団の全ての聖人と福者たちよ、どうかその取りなしによって、私が信仰を堅く守り、騎士団の栄えある伝統から道を踏み外すことのないよう助けて下さい。

私が聖なる普遍の教会、使徒信条、カトリックの教えを地に行い、信仰の敵からこれを護ることができますように。私が隣人、わけても貧しい人々と病める人々にその慈愛をそそぐことができますように。

ともすれば怠ってしまう私が、あなたの聖なる福音とキリスト者の深い慈愛から常に学び、この決意をやり遂げ、神を賛美し、エルサレムの聖ヨハネ騎士団に栄光をもたらすことができますように。

アーメン。

目次

## 本書の構成

本書では、マルタ騎士団という歴史のタペストリーを紡ぐ横糸として、その歴史を一四章に亘り時系列に沿って描く一方で、時代を超える事項についてはこれを縦糸として、叙説として解説する試みを行った。

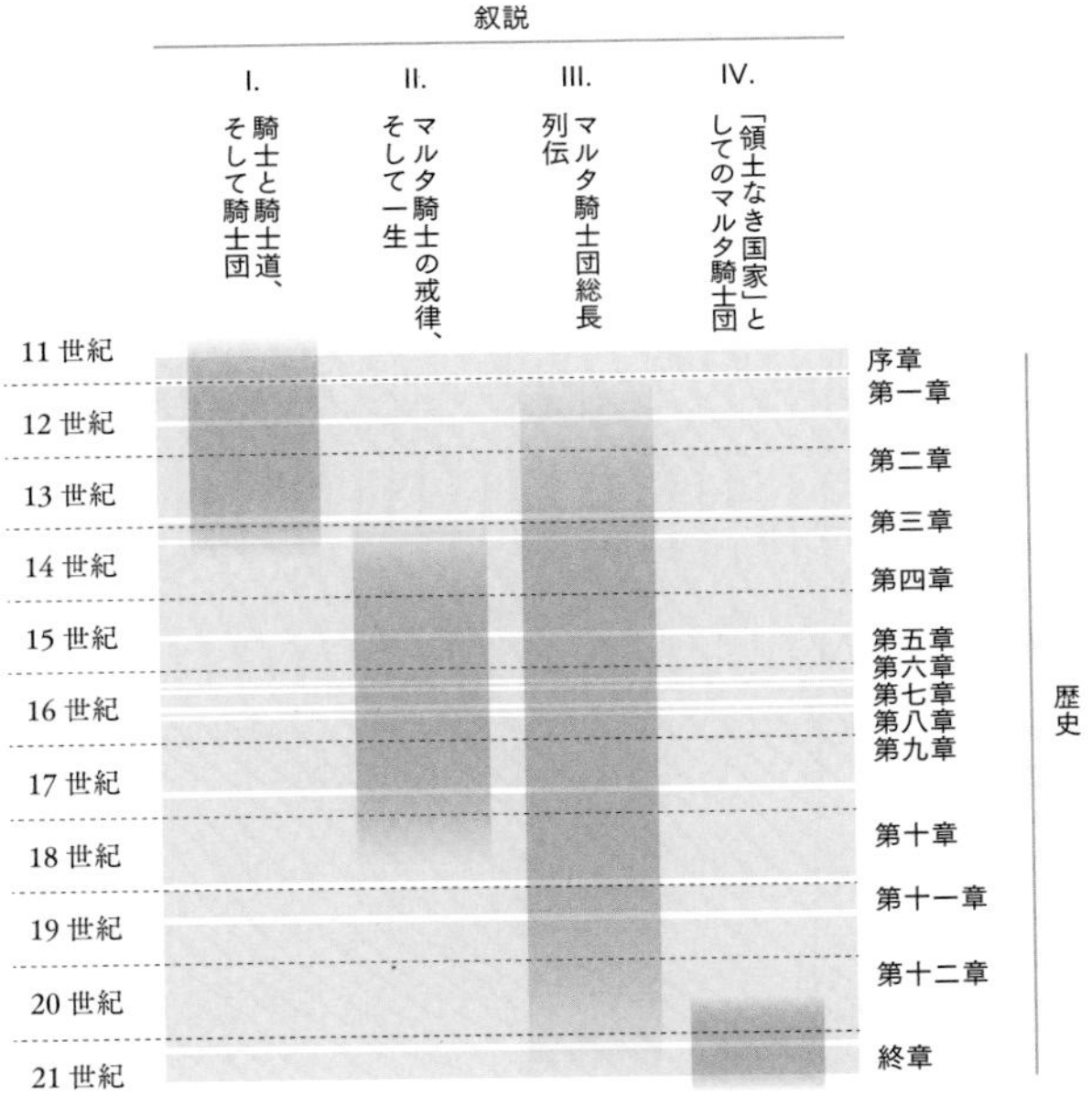


これは現代の「領土なき国家」という国際慈善組織としてのマルタ騎士団が、1000年近く連綿と続くこの騎士団の、現代のたった一断面に過ぎないことを表現したかったためである。

故に騎士団の呼び方についても、この組織が時代の流れに変化しつつ今日の有様に至ったことを表現する意図から、あえてその時々の通称を用いた。故に聖ヨハネ騎士団＝ロードス騎士団＝マルタ騎士団であり、全てが同じ騎士団を指していることをご了承頂きたい。

「エルサレム、ロードスおよびマルタにおける聖ヨハネ主権軍事病院騎士修道会」という正式名称を見た者は誰でも、まずはその煩雑さに驚くことだろう。だが、本書を一章ずつ読み解くにつれ、この正式名称はその歴史の足跡を一つ一つ踏みしめるように辿るものであり、騎士団のもっとも短い自己紹介文なのだということをご理解頂けるものと信じる。

# マルタ騎士団

## ——知られざる領土なき独立国

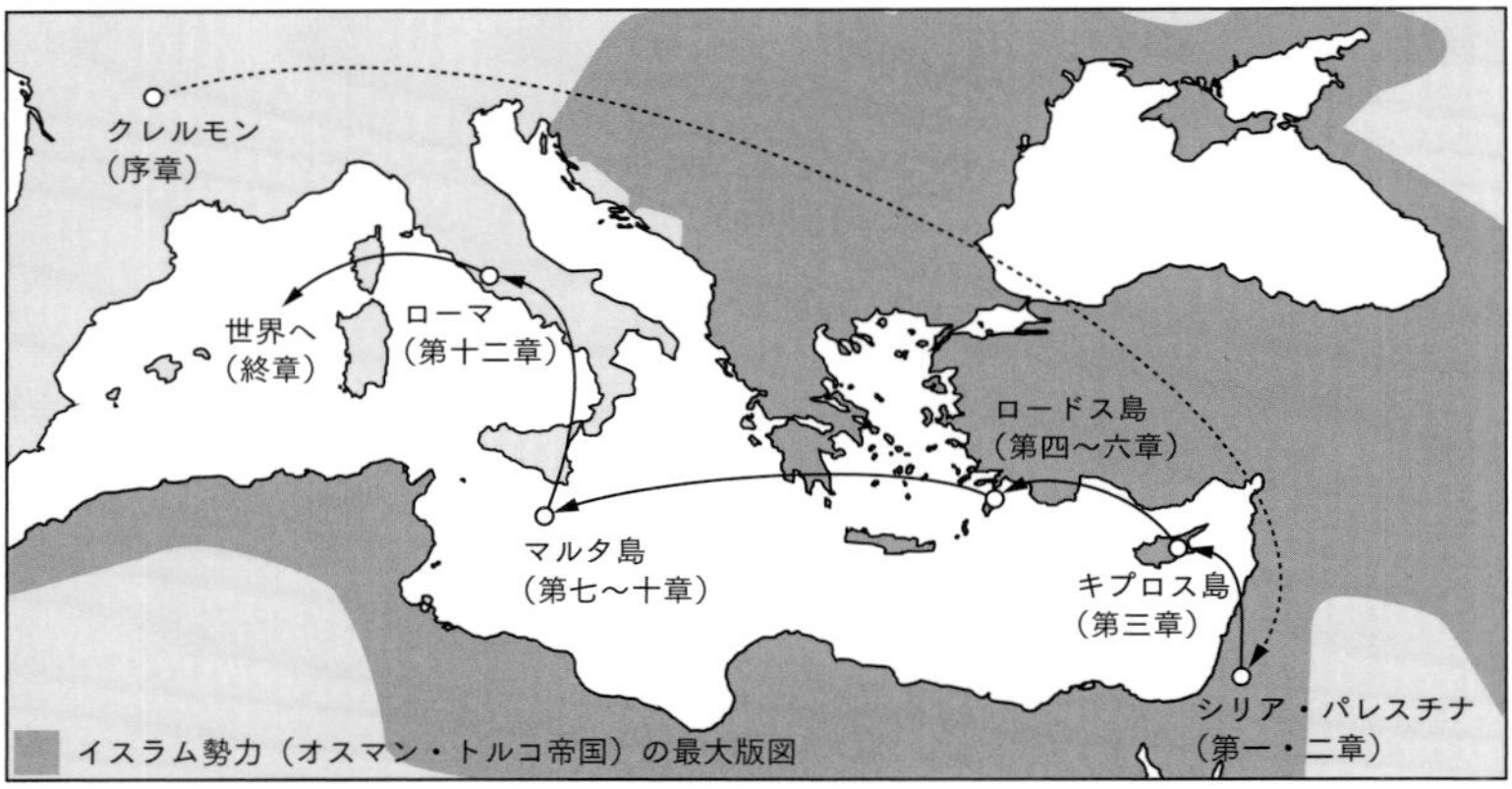

マルタ騎士団の一千年の旅路

# 歴史序章　十字軍（ヨーロッパ・1095-1099）

マルタ騎士団。その歴史は真紅の艶やかな一輪の薔薇《ばら》のように、荒涼としたヨーロッパ史に英雄譚《たん》の彩りを添える。正式名称を「エルサレム、ロードスおよびマルタにおける聖ヨハネ主権軍事病院騎士修道会」と称するこの現存する世界最古の騎士団は、長い肩書に名前負けすることのない一千年近い歴史を有する。

現存する西洋世界で最古の組織の一つ、マルタ騎士団。その騎士たちは、中世にはイスラム教徒を相手に死闘に臨み、近代には銃弾をかい潜り敵味方なく戦傷者を治療し、今日でもなお世界中で助けの手を必要とする人々に支援を提供している。本書では、日本であまり知られていない彼ら英雄の一千年紀を遡《さかのぼ》り、ヨーロッパのいかなる国家より長い歴史を有する、他に類型のないマルタ騎士団という唯一無二の歴史の玉手箱を紐解《ひもと》こう。

マルタ騎士団は、十字軍という、全キリスト教世界がその存在意義を懸け挑んだ聖戦の産物として誕生した。それは、聖書に描かれ、イエス・キリストがその足跡を残した聖地エルサレムの地をイスラム教徒の手から取り戻さんという熱狂的なキリスト教の一大運動であった。

本書では、マルタ騎士団の誕生前夜として、この十字軍運動を始点に歴史を描きたいと思う。

クレルモンの地でのウルバヌス二世

## ウルバヌス二世の賭け

一〇九五年一一月二七日。抜けるような青空の下、公会議開催の地フランス・クレルモンに教皇ウルバヌス二世が姿を現したその時に、歴史の歯車は動き始めた。軍事力で教会を脅《おびや》かす神聖ローマ皇帝ハインリヒ四世との権力闘争に半生を捧げたこの六〇歳近い教皇は、生涯を賭けた乾坤一擲《けんこんいってき》の演説を始めようとしていた。

並み居る聖職者、諸侯、騎士、民衆を前に、教皇は力強くこう口を開いた。

「見よ、現在のキリスト教は、なんと堕落していることか。そして見よ、同じキリスト教徒同胞のなんと愚かな紛争が絶えないことか。真のキリスト者として、貴兄らは一人残らず自らを恥じよ！　兄弟を殺し、奪い、教会を破壊する異教徒こそ、貴兄らが今まさに立ち向かうべき敵ではないのか！　昨日まで相争っていた騎士諸君よ、明日からは異教徒に対する聖戦でその怒りと恨みを晴らそうではないか。今こそ、皆で団結して立ち上がり、聖地エルサレムへと向かい、助けを求める兄弟を解放する時が来たのだ！　私は異教徒との戦いに参加し、倒れた者全てに、罪の赦免を与えるだろう」そして教皇はこの演説を、こう締めくくった。「これは私が命じているのではない――神が、それを望んでおられる。〈Deus lo vult《デウス・ロ・ウォルト》〉」

ウルバヌス二世の賭けは、成った。聴衆は、一人残らず熱狂の渦に包まれた。最初の志願者のル・ピュイ司教アデマール（実はサクラであったが）が直ちに教皇の前に跪《ひざまず》き恭順の意を示すと、詰めかけた騎士たちは口々に「神が、それを望んでおられる！」と叫び、興奮し我先にとこの聖戦への従軍を志願した。後に、十字軍として知られることとなる一大軍事運動の誕生の瞬間であった。

十字軍無くしては、現代までその歴史を伝える騎士団も、そして後世に名を馳せることになる騎士道精神も生まれはしなかっただろう。故にマルタ騎士団の長き歴史もまた、クレルモンでのこの教皇の演説とともに動き始めたと言える。

## 叙任権闘争

この十字軍という歴史スペクタクルを解説するには、少しばかり時計の針を戻し、その誕生の背景にある混沌とした一一世紀のヨーロッパについて触れねばならないだろう。

中世のヨーロッパには、人々を統治する二人の統治者が君臨した。一人は、「聖なる世界」の統治者たる教皇。そしてもう一人が、「俗なる世界」の統治者たる皇帝である。そして一一世紀終盤には、その権力の天秤は、明らかに皇帝側に傾いていた。

ローマ帝国という汎地中海国家が五世紀に崩壊し、ヨーロッパ全土に暴力が蔓延って以来、庶民はキリスト教による教えより、武力による保護にその救いを見出した。そして教会もまた、腐敗していた。聖職の売買が横行し、神聖な領域に政治が干渉することを許すがままにしていたのである。かくして、強大な武力を有する神聖ローマ帝国皇帝が、本来教皇のみが任命権を持つ司教の叙任権までをも事実上掌握するようになった。この司教叙任権を巡る軋轢こそ、「叙任権闘争」として知られる、聖なる統治者と俗なる統治者の熾烈な鍔競り合いである。
ウルバヌス二世が聖座を継いだのは、そんな苦難の時代であった。

## 神の休戦

話を冒頭の場面に戻そう。改革派であったウルバヌス二世の外交能力は、並外れていた。彼は教皇として選出されると、直ちに全西ヨーロッパの行脚を開始。時に破門を武器に皇帝派を威圧し、また時に有力者の婚姻を仲介し、次々に教皇派を纏め上げた。そしてその乾坤一擲の決定打こそが、冒頭のクレルモンの地における演説だったのである。その獅子奮迅の闘争は、見事の一言であった。

ウルバヌス二世が演説で試みたのは、当時「神の平和」および「神の休戦」として知られた運動の、全ヨーロッパ世界への拡大であった。フランスにおいて一〇世紀末以降、封建領主同士の私闘を禁じ、平和を破った領主は破門とすることで、教会が平和の仲裁者たらんとする「神の平和」運動が台頭した。この運動はある程度の成功を収め、形を変えつつ次第にヨーロッパ各国に広がると、やがて「神の休戦」と名前を変える。その中核は、キリスト教徒同士の紛争の禁止と、武器を持たぬ弱者の保護であった。

この「神の休戦」に、ウルバヌス二世は天才的な第三の要素を加えたのである――「イスラム教徒に占有された約束の地の奪還」、すなわち聖地巡礼という、当時のキリスト教徒であれば誰も否定し得ない大義名分が、それであった。この呼びかけが生んだ社会的なうねりは、教会と教皇権の役割を大いに強化するとともに、知らず知らずのうちに「騎士」という身分の意味合いを根幹的に変革することになる。

一〇九五年三月、ウルバヌス二世はピアチェンツァ公会議を主宰。コンスタンティノープルから使節団が出席し、アレクシオス帝の聖地回復のための要請を伝える。

「今すぐ、キリスト教徒同士相争うことを止めよ。敵は、教会を、キリスト教徒を蹂躙《じゅうりん》するイスラム教徒である。今まで強盗であった者は、これからはキリストの騎士となって約束の地エルサレムの解放に赴くのだ。そしてその途上で落命する全ての者は、神からその罪を永遠に赦免される」

この単純ながら計算されたメッセージは、だが教皇の想定を大きく上回る反響を生んだ。貴族や聖職者だけでなく、騎士ら、そして庶民に至るまでがこれに熱狂したのである。当時民衆への暴虐者であった騎士は、この時から、神のために戦う聖戦士となった。そしてその行動規範である騎士道もまた、ここに誕生を見たと言ってよいかもしれない。騎士という身分に付与された社会的意味が、一変したのである。

## エルサレムへの遠き道のり

ウルバヌス二世の呼びかけによって引き起こされた熱は、瞬く間にヨーロッパ全土に大浪のうねりのように広がった。各地の王侯貴族たちは莫大な私財を投じ、この聖なる巡礼のため、配下の騎士たちによる綺羅《きら》びやかな軍勢を組織した。彼らは、聖戦に身を投じる一員であることの証しとして、皆十字を軍装に鮮やかに縫い付けていた。この十字架という全軍の徽章《きしょう》が、後にこの軍隊の有名な別名を生むことになる。「十字軍」と。

ゴドフロワ・ド・ブイヨン、ノルマンディー公ロベール、トゥールーズ伯レーモン、ボードワン・ド・ブーローニュ、ボエモンら軍事指導者に率いられた十字軍が集合地点であるコンスタンティノー

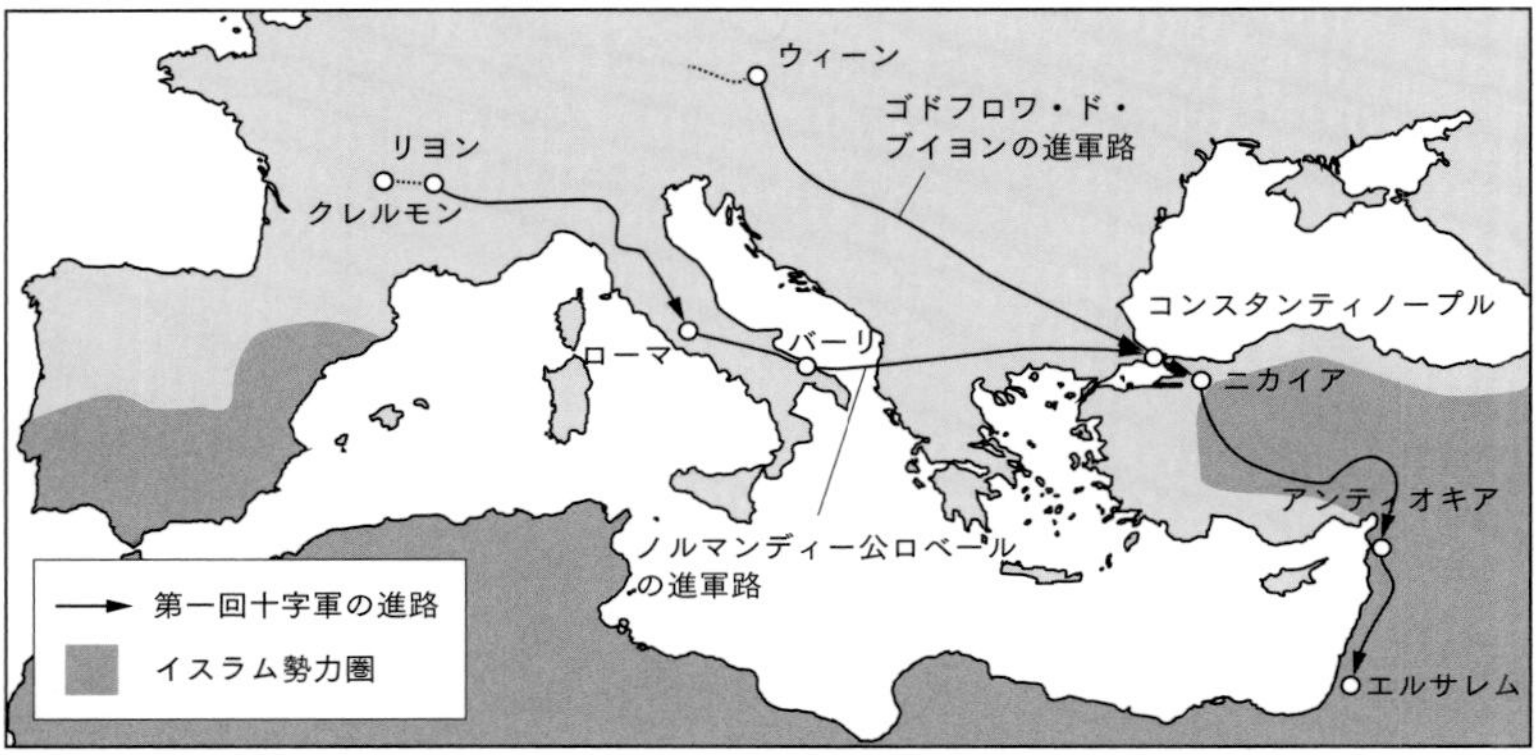

第一回十字軍の進路

プルに集結を完了したのは、一〇九七年四月のことであった。その規模は騎士のみで一〇万騎を超え、一説によれば総数三二万という当時類を見ない規模にまで膨れ上がっていた。

同年五月、十字軍は遂に小アジアのイスラム勢力圏に足を踏み入れた。だが逸り勇む十字軍勢をそこで待って居たのは、筆舌に尽くし難い苦難の行軍であった。従軍貴族の一人エティエンヌ・ド・ブロワは妻アデールに対し「エルサレムにはあと五週間もあれば着くだろう」と手紙を書いている。それが実際には、その道のりに二〇倍、二年の歳月を要したのである。この筆まめなエティエンヌが行軍の道々で愛妻にしたためた手紙の数々は、後世の歴史家の貴重な一次史料となった。

真夏の照りつける太陽の下の行軍の末、一〇九七年一〇月、十字軍本隊は遂に大都市アンティオキアに到達する。そしてこの攻囲戦は冬を越し、実に次の年の六月までを必要とした。再びエティエンヌの妻への手紙を紐解いてみよう。「アンティオキアは想像を絶する大都であり、難攻不落であることがわかった。…アンティオキアの眼前で冬の間ずっと、我々は主イエスのために冷たく吹きつける雨に曝されたのである。

アンティオキア攻囲戦（セバスチャン・マメロ『聖地への旅路』（1473年）より）

シリアで耐えねばならぬのは灼熱のみと言っている人たちは誤っている。こちらの冬はヨーロッパの冬と何ら変わらぬのだ。」（エリザベス・ハラム著『十字軍大全』より）そしてこの手紙から時をしばらくして、この気弱で優柔な伯爵は、仮病を偽りフランスに逃げ帰ってしまったのである。

　エティエンヌ伯の仮病から数ケ月後、ようやくアンティオキアは陥《お》ちた。最後は、修道士ピエール・バルテルミーが祈りと断食の末、地面から磔刑にされたイエス・キリストを刺し貫いた聖なる槍《やり》の穂先を発見し、大いに鼓舞された将兵が全軍で打って出たことが決定打となったと伝わる。

　こうした点でもやはり十字軍とは、軍事行動であると同時に、まだ見ぬ聖地に憧憬する騎士たちの巡礼行だったのである。

### 聖都到達

一〇九九年六月七日の朝、苦難の末に、ゴドフロワ・ド・ブイヨン率いる十字軍はとうとうその眼に聖都エルサレムの姿を捉えた。騎士たちは崩れ落ちると、皆涙ながらに主に感謝を捧げたという。しかしその軍勢は、勇ましくコンスタンティノープルを出立した時とは見る影もなかった。その数は、僅《わず》か二万にまで減っていた。

　十字軍は、最後の気力を振り絞り、皆聖書でしか名前を知らないあのエルサレム、今はイスラム教徒に占有されてしまったその聖都に対し、数少ない騎士で必死の包囲網を敷いた。しかしこの都は、古くはローマ帝国ハドリアヌス帝時代から知られる強固な要塞都市として屹然《きつぜん》とその城壁をそびえ立たせ、十字軍騎士たちを前に堂々とその偉容を湛えていた。そして十字軍騎士たちの背後には、イスラム教徒たちの援軍であるファーティマ朝の大軍勢が迫っていたのである。

　本書の主人公であるマルタ騎士団の物語は、この十字軍包囲下にあるエルサレムで幕を上げる。

# 歴史第一章　誕生（聖都エルサレム・1099-1149）

## 福者ジェラール

十字軍の足音が迫るエルサレムに、一人のキリスト教徒の修道士が居た。名をジェラールと言った。なぜイスラム教徒に占有されたエルサレムの街中、それも目前に迫った籠城戦への準備の槌音がかまびすしいこの時に、キリスト教徒が居残っていたのだろうか？　まずはそれを説明しなければならない。

エルサレムの地には、一一世紀末に建設された、ベネディクト修道会の病院《ホスピス》が一棟存在した。ルーツをイタリア・アマルフィ商人による七世紀初頭の設立に持つと伝えられるこの病院の長《おさ》こそ、修道士ジェラールであった。洗礼者聖ヨハネに捧げられたこの病院は、男性用四病棟と女性用二病棟から成り、イスラム教徒が占有するこの都市にあってキリスト教徒が安心して休養できる場として長年運営されてきた。当時の病院は待避所でもあり、聖ヨハネ病院もまた、病者の治療だけでなく、巡礼者の休息の場として重宝されていた。

ジェラールは聖都において、長年、聖地巡礼に訪れる敬虔《けいけん》なキリスト教徒、交易に訪れる商魂たくましいアマルフィ商人、そして重要なことに、宗教の差別なくイスラム教徒の地元民に対してまで、献身的に医療活動を行っていた。

パンを手に持つ初代マルタ騎士団総長福者ジェラール（ローマ・マルタ宮殿、17世紀フレスコ画）

こうして伝承によればジェラールは、十字軍がエルサレム城壁に迫り街中のキリスト教徒が全員城外に追放された後も、その地元への貢献が認められ、イスラム教徒とともに唯一人街中に残ることを許されたという。もしかしたら、これからの苛烈な籠城戦を予期したエルサレム住民は、誰よりもこの病院と医療従事者の価値をよく理解していたのかもしれない。

この柔和な顔つきを湛える六〇歳近い歳の男の運命は、十字軍によって一変する。そしてジェラールが後に、一千年近く存続する華々しい騎士団の創設者にして初代総長となろうことなど、この時はまだ誰一人として予見していなかった。

## エルサレム奪還

エルサレムを包囲した十字軍は、憔悴していた。六月の刺すような太陽の下、甲冑《かっちゅう》に身を包んだ騎士たちは、まともに剣を構えられないほどの飢えと渇きに苦しんだ。井戸には、ことごとくイスラム教徒により毒が入れられていた。加えて守備側は、中東で産するナフサや硫黄を使った「ギリシアの火」〔壺や缶に詰めた一種の火薬。投石器で投げつけることもある〕と呼ばれるヨーロッパ人が見たこともないような液体の炎をこの戦闘で積極的に使用した。犠牲者の数は増える一方であった。あのフランスに逃げ帰ったエティエンヌもまた、愛妻に叱咤《しった》されると再び戦場に引き返した。そして十字軍の背後には、敵の大援軍が迫っていた。

一方、城壁を隔てた城内に居るジェラールもまた、エルサレムの守備隊に使役されていた。ここで、カトリック教会には次の奇跡が記録されている。ジェラールは城外に陣を敷く十字軍騎士たちの惨状を見て、なんとか彼らを助けようと思い、イスラム教徒の目を盗んでは夜な夜なパンを城壁の外に投げていたという。しかしある日とうとう、パンを与える姿を衛兵に見つかり、ジェラールは捕縛され総督の前に引っ立てられてしまう。なにしろ籠城戦の最中、敵を助けた現行犯である。その運命は即時の処刑しか無いと思われた。しかし役人が、揺るがぬ証拠としてジェラールのローブを開けたその時、そこに詰められていたパンは石に姿を変え、地面にこぼれ落ちた。彼は釈放され、一命を取りとめたという。

城壁の中でそんな奇跡が起きているとはつゆ知らぬ十字軍だが、突破口を開いたのは、またもや信仰心であった。従軍していた司祭ピエール・デシデリウスが、断食の日を守り裸足でエルサレムの城壁の周りを回ることで九日以内にエルサレムを占領できるだろうという故アデマール司教の声を聞いた、と言い出したのである。将兵たちは、すがる気持ちでエルサレムの周りを何日も従順に歩いた。そして七日目であった。本当に城壁の弱点が見出され、騎士リトールなる者が一人城壁の天辺《てっぺん》に達するやいなや、エルサレムの守備隊が一斉に逃走したのである。

聖都エルサレムの解放は成された。一〇九九年七月一五日、ウルバヌス二世の演説から四年近い歳月が経過していた。

## キリストの戦士、騎士

かくして、かつてイエス・キリストが福音を述べ伝え、十字架に掛けられた聖都は、再びキリスト教徒の手に戻った。エルサレムは、私心なく最後まで十字軍を率いたゴドフロワ・ド・ブイヨンにより統治されることで衆議が一致。翌一一〇〇年弟のボードワンが王に即位したことで「エルサレム王国」が建国された。十字軍指導者による独立国、「十字軍国家」の誕生であった。

もともと十字軍に従軍した貴族には、「部屋住み」の身分、すなわち名家の二男や三男であってそのままでは家督の相続が叶わない御曹司が、一発逆転の冒険精神で参加した例も多かった。十字軍を最後まで戦い抜いたこうした若き御曹司たちは、見事この逆転劇を成し遂げ、次々と十字軍国家の建国者となったのである。ボードワンによる「エデッサ伯国」、ボエモンによる「アンティオキア公国」、レイモンによる「トリポリ伯国」が次々とシリア・パレスチナ地方に建国された。

こうした十字軍国家の統治には、戦場で功のあった騎士たちが次々に抜擢された。ここに、騎士という戦う階層の地位は単なる騎兵から、下級貴族としての身分に飛躍を見た。

事実、それまで騎士というのは「貴族某の下に騎士〇〇騎」などと十把一絡《じっぱひとから》げに数のみで記録に登場してきたものが、この十字軍を境に、「騎士某」と個人名で頻繁に史料に登場するようになる。キリストの戦士たる「騎士」は栄えある称号として、王侯貴族までもが騎士叙任を望み受ける騎士の時代が到来した。

騎士こそが、十字軍国家の真の主役といえた。

## 聖ヨハネ騎士修道会

ジェラールと彼の聖ヨハネ病院は、この建国間もないエルサレム王国において、一日の休みもない日々が続いていた。もちろんこの病院が十字軍で傷ついた騎士たちの療養の場として賑わっていたことは言うまでもない。だがそれ以上にこの病院を賑わせたのは、解放された聖地に一目でも巡礼をしたいと次々に渡航してきた敬虔なヨーロッパ人たちだった。巡礼者は憩いの場を聖ヨハネ病院に求め、長旅の身体を休めるようになり、その訪れは一時も途切れることがなかった。

ジェラールの境遇を一変させたのは、聖都の新たなる統治者たちからの寵愛であった。初代聖墳墓守護者ゴドフロワ・ド・ブイヨンは、聖ヨハネ病院に奪還した聖なる都の一角を寄進し、これが聖ヨハネ病院の新たな時代の幕開けとなった。

こうして寄進の一等地に建設された大病院は、ギリシア式に運営され、一四〇メートル×七〇メートルの広大な病棟を備え、一二四本の大理石の柱が立ち並び、総病床数が二〇〇〇に及ぶ当時類を見ない規模を誇った。イスラムの高度な医療技術の導入により、医療水準はキリスト教世界で最良と謳《うた》われた。寄進はさらなる寄進を呼び、聖地巡礼から帰国した巡礼者の口コミによって、聖ヨハネ病院の名前はヨーロッパ本土でも聞こえるようになった。

そして一一一三年、遂にウルバヌス二世の後継者である教皇パスカリス二世が、聖ヨハネ病院を修道会として正式に認可する。エルサレムの聖ヨハネ騎士修道会、今日のマルタ騎士団の誕生であった。

ジェラールは、どうやら慈愛と信仰の人だけでなく、卓越したオーガナイザーでもあったらしい。彼が一一二〇年に帰天する頃には、エルサレムの聖ヨハネ騎士修道会は、フランス、イタリア、スペインに広大な直轄領を有し、聖地の主要な港、そしてヨーロッパ本土の直轄領に、次々と新たな病院を設置していた。しかし何よりこの騎士団が獲得した最大の資産は、中世の封建社会において極めて

12世紀聖ヨハネ騎士修道会の２つの制服――修道士として、そして騎士として（『ミュンヘン画集』19世紀後半）

異例な次の特権であろう。それは「あらゆる王、貴族、世俗の権力からの独立と、その領地の治外法権」である。封建社会の世において、この騎士修道会は、誰に臣従することもなく、税金を払うこともなく、不可侵という大特権を与えられたのである。この特権は、九〇〇年以上を経た二一世紀の今日に至るまで、騎士団の最大の特権として存続し続けている。

　エルサレムのたった一棟の病院から始まった慈善活動は、ジェラールの帰天までに、全地中海を股に掛け、封建社会の軛《くびき》を外れた他に類を見ない国際組織へと変貌していた。ジェラールの蒔いた一粒の麦は、全ヨーロッパに多くの実を結んだのである。

## 病院騎士たち

　聖ヨハネ騎士修道会は、その勢力を拡大した後もその核心をブレさせることが無かった。一二世紀から今日に至るまで聖ヨハネ騎士修道会が一貫して変えない信念、それは「我らの主、病者と貧者」という格言に集約される。

　一一二〇年に帰天したジェラールの墓標もまた、次の一文で始まる。「ここに、東方世界で誰よりも慎ましい、病者と貧者の奉仕者ジェラールが眠る」と。ジェラールの元で身を粉《こ》にして献身した聖ヨハネ騎士修道会の騎士たちは、「病院騎士（ナイツ・ホスピタラー）」と呼ばれ人々の尊敬を集めた。

規定により病院には四名の医師が配属され、入院患者への医療手当は贅沢なまでに手厚く行われた。患者には週に三回は新鮮な肉が出され、白いパンが支給され、当時貴族しかほとんど食べられなかったような食事を全ての患者たちが得ることができた。後に、食器は衛生の観点から全て純銀製に置き換えられた。こうした証言は、騎士団が如何に「主、病者と貧者」に奉仕したかを表すもっとも良い例であろう。

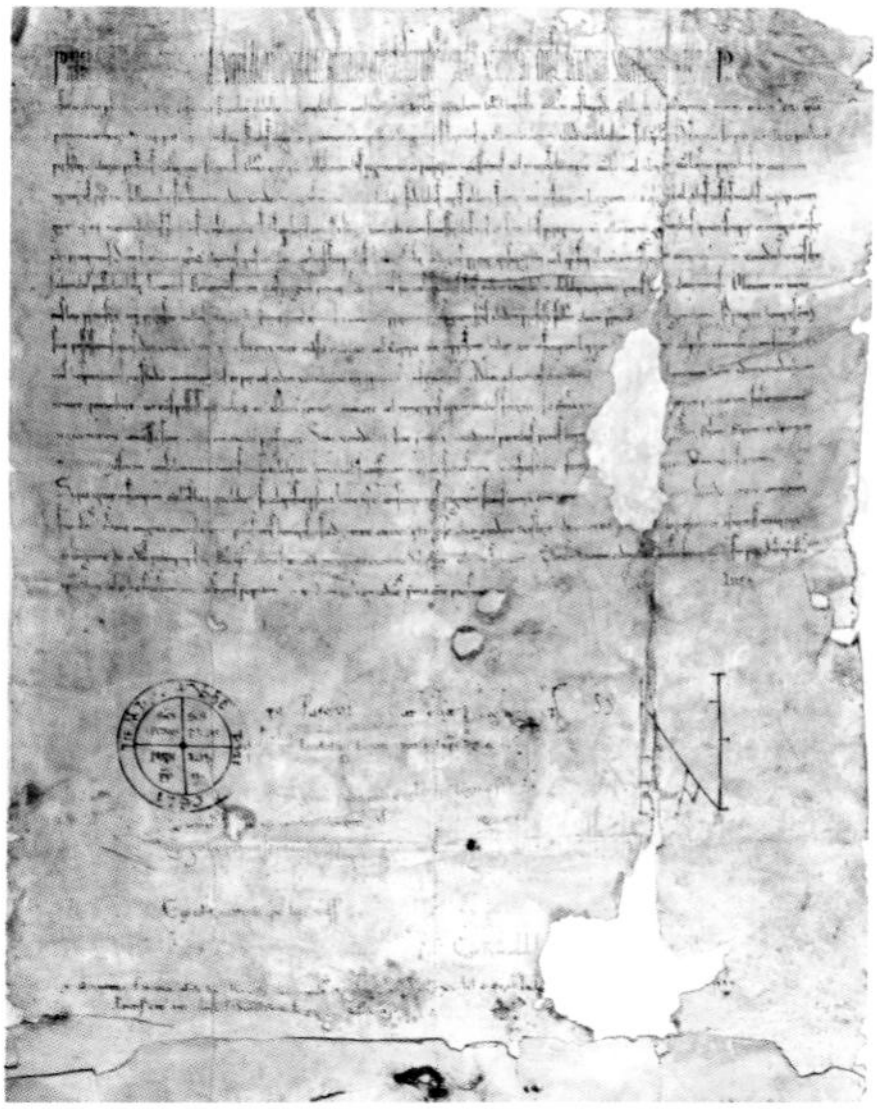

聖ヨハネ騎士修道会の設立を認可する教皇勅書 Pie Postulatio Voluntatis（1113年、マルタ国立図書館収蔵）

## 騎士団の誕生

こうした精神は、ジェラールの跡を継いだ第二代総長レイモン・ド・ピュイにも引き継がれた。しかしレイモン・ド・ピュイは、ジェラールの創設した組織にいま一つの任務を加えたのである。それはキリストの戦士としての、戦う任務であった。こうして、「救貧と信仰の守護者〈Tuitio Fidei et Obsequium Pauperum〉」という今日まで続く標語が誕生した。

一一三六年、病院騎士たちはパレスチ

ナ南部に位置するベートジブリン（ギベリン）城を得る。ここから聖ヨハネ騎士修道会は、次々と聖地の城塞を獲得し、軍事組織としての性質を急速に強めていくのである。こうして、レイモン・ド・ピュイが帰天するまでには、聖ヨハネ騎士修道会は宗教組織「修道会」としての性質よりも、軍事組織「騎士団」としての性質が勝るようになっていた。

当時を生きたシトー派の修道院長であるクレルヴォーの聖ベルナルドゥス（ベルナール）がテンプル騎士を讃えて記した檄文《げきぶん》『新しい騎士を讃えて』が、騎士団への熱をよく伝える。

「（テンプル騎士たちは）主の戦争を戦うことが許された、疑いようのないキリストの戦士なり。彼らに敵を殺すか戦場で死するかを許そうではないか。彼らに恐れなどないのであるから！　彼らがキリストの為に死を選ぶ行為も、敵に死を与える行為も、それは栄光以外の何物にもあらず、ましてや罪には断じてあらず！　キリストの戦士たちが携える剣は飾りではない。それは不道徳を浄化し、正義に栄光をもたらすものなり」

ヨーロッパ史に燦然《さんぜん》と輝く戦歴を残すことになる、「聖ヨハネ騎士団」の誕生であった。

# 叙説Ⅰ　騎士と騎士道、そして騎士団

中世ヨーロッパ世界の花形、騎士。彼らは十字軍を始め数々の戦役の中核戦力として歴史の道筋を変えたのみならず、騎士道という理念と、武勲詩や騎士道物語などの文学作品群を通じ、二一世紀の今日にまで遍《あまね》くその文化的・道義的影響を及ぼしている。故に本書を進めるに当たって、次の問いを避けて通ることは出来ないだろう。騎士とは、何者か。

## 騎士の起源

騎士とは、王侯から特別な地位を与えられ、戦いをその責務とする身分である。その起源は古代ゲルマン民族に求めることが一般的である。二世紀のタキトゥス『ゲルマニア』には、成人したゲルマン自由民には部族長から厳粛に武器が授与され、その瞬間をもってこの男子が従士団に配属され国家の一員となるとの記述が見られ、これが騎士階級の起源とされる。

ゲルマン人が五世紀に建国し、その後中世ヨーロッパ世界を席捲《せっけん》したフランク国家においても、戦士とは自由農で構成された歩兵であった。それが八世紀のカロリング朝の時代になると、封土を有する裕福な層が、高価な騎馬と重装備を揃えた職業軍人として活躍するようになる。常時訓練に励み、装備を整え、戦いを生業とする、新たな社会階層の誕生であった。

一〇世紀、カロリング朝が崩壊し、封建社会が成立する過程で、彼ら裕福な戦士もまた封建制の一部へと位置づけられていく。西方ラテン世界においてこうした階層は戦士〈ミーレス〉と呼ばれたが、これはいつしか単なる戦士を超えた、軍役〈ミリターレ〉を有力者に提供する代わりに特別な身分を得た階級を意味するようになる。騎士階級の誕生である。英語のナイトという単語もまた従者を意味するクニートに由来し、騎士が単なる騎兵でなく、貴族の家臣として捉え直されたことを今日に伝えている。貴人に使える「さぶらい」に由来する我が国の侍と英語のナイトが全く同じ語源を持つことは、偶然ではない。

よって、中世前期（〜一〇世紀）における騎士とは、王侯から特別な地位を認められ、その見返りに軍役の提供を義務とした身分であった。騎士を目指す若者は、一二歳頃から騎士の下に付いて雑用に従事し、一四歳頃からは小姓または盾持ちとして戦場にまで従軍することで、ようやく二〇歳前後になるとその武勲を認められ騎士への叙任が許された。貴族が出自により貴族となる一方、騎士は認められ騎士となるのであり、それだけに彼らは貴族に劣らない自負心を有した。

## 騎士の神聖化

故に本書の冒頭において、騎士とは、王侯の従者として軍役を担う「戦う身分」という以上でも以下でもない。インド・ヨーロッパ語系諸民族では汎く人々を「祈る者」「戦う者」「働く者」に分類する三機能体系論が観察され、戦う者＝騎士という身分は、祈る者＝聖職者という身分と同じく社会を成す基本的構成要素と見なされていた。

一〇世紀、キリスト教にこの「三身分論」が波及することで、それまで純粋に世俗の存在であった「戦う者＝騎士」が、徐々にキリスト教神学と融合を始める。そして序章で触れた「神の休戦」運動、第一章の十字軍運動を契機に、騎士はキリスト教的価値観と同化し、「神の戦い」を担う名誉ある階級へと躍進するのである。

当時特に騎士の地位を高めた聖職者がクレルヴォーの聖ベルナルドゥスであるが、シャルトル司教ソールズベリのジョンもまた、「騎士は聖職者と同じく、選抜と宣誓によりその身分を与えられた存在である」「戦いに生きるこの階級は、神により設立され、称賛に値すると同時に欠かせざる存在である」と結論し、騎士という身分が聖別により誕生する、キリスト教上も特別な身分であるという神学論を展開している。

こうして「キリストの戦士」へと生まれ変わった騎士は、中世盛期（一一〜一三世紀）、純粋な戦力としての観点からももっとも華麗に活躍した。聖ヨハネ騎士団が聖地でイスラム教徒を相手に武勲を挙げていた時期（第一〜三章）は、名実ともに騎士の時代であったと言えよう。

## 騎士道は如何に生まれたか

騎士の神聖化と切り離せないのが、その理想化された行動規範たる騎士道である。だが騎士道も元来、争いを否定するキリスト教が、時代の必然から戦争を公認する必要に迫られた過程で生じた神学的な妥協の産物であった。

キリスト教の争いに関する教えは次の聖書のイエスの福音からも明らかである。「剣《つるぎ》をさやに納めなさい。剣を取る者は皆、剣で滅びる」（マタイ二六・五二、日本聖書協会 新共同訳）だがこの一点の曇りもないイエスの教えとは別に、中世における教会は、自らの存続を鑑みれば戦争を否定できる状況には無かった。故に編み出さざるを得なかった、詭弁とも言える種々の神学論が、後の騎士道の基盤を成した。

その先鞭《せんべん》をつけた教父聖アウグスティヌスはこう結論している。「神の法の侵害者を罰するため提議さるもの、また過ちを正し、不法に略奪した所有物の返還を拒む者へ罰を下す目的のものは正義の戦争である」「止むない事情において戦うことは許容される——平和を切望している場合に限り」

この神学論が全ヨーロッパ世界に適用された事例こそが、序章に描かれる十字軍であった。戦争を否定することが不可能と悟った教会が、十字軍という舞台装置を通じて戦争と騎士をキリスト教化することを選んだことで、騎士道は生まれたのである。

## 騎士の十戒

騎士のキリスト教化とはいかなる意味だろうか？　一九世紀のフランスの学者レオン・ゴーティエは、聖ヨハネ騎士団が聖地防衛に奮戦していた一一世紀・一二世紀（第一・二章）に謳われた八〇篇を超える武勲詩から騎士が従った教えとして以下の「騎士の十戒」を抽出した。

第一の戒律　汝《なんじ》、須《すべか》らく教会の教えを信じ、その命令に服従すべし
第二の戒律　汝、教会を護るべし
第三の戒律　汝、須らく弱き者を尊び、かの者たちの守護者たるべし
第四の戒律　汝、その生まれし国家を愛すべし
第五の戒律　汝、敵を前にして退くことなかれ
第六の戒律　汝、異教徒に対し手を休めず、容赦をせず戦うべし
第七の戒律　汝、神の律法に反しない限りにおいて、臣従の義務を厳格に果たすべし
第八の戒律　汝、嘘偽りを述べるなかれ、汝の誓言に忠実たるべし
第九の戒律　汝、寛大たれ、そして誰に対しても施しを為すべし
第十の戒律　汝、いついかなる時も正義と善の味方となりて、不正と悪に立ち向かうべし

この十戒は、当時の騎士に求められた「キリストの戦士」としての理想を明らかにしている。教会の命令に服従し、弱き者を護り、イスラム教徒と戦う正義と善の味方。これこそが、中世に理想化された騎士道という行動規範であった。聖ヨハネ騎士団が、如何に当世の騎士道に忠実にあらんと懸命に努めた組織であったかは、この十戒と照らし合わせれば明らかであろう。

### 騎士修道会という自己矛盾

騎士道というものが、キリスト教の争いを禁じる教義と戦いの正当化の二律背反の中に生まれ落ちた存在であることは先に述べた。この二律背反の具現化として、中世ヨーロッパの自家撞着の粋を集めた組織こそ、後に騎士団として知られる「騎士修道会」である。

本来、戦う者「騎士」と祈る者「修道士」とは、互いに相容れない身分のはずである。しかし「騎士修道

会」という特殊な歴史上の産物は、その二身分を一体の存在として融合させた。騎士修道会の騎士は日頃、清貧、貞潔、従順を誓った修道士として共同生活を営み、日に五度の祈りを欠かさぬ日々を過ごす。だが一歩その門を出れば、軍装に身を包んだ騎士として、十字架の敵を相手に雄々しく戦うのである。

当時の修道士は、現在よりずっと俗人的な身分と見なされていた。従って、俗人である騎士が、兄弟団として集うことで修道会を成すという発想は、今日ほどは奇異なものでは無かったのかもしれない。騎士たちが集い、厳しい修道戒律に基づいて共同生活を行う、これが騎士修道会の意味するところであった。

こうした純粋な宗教的組織としての騎士修道会の筆頭が、聖ヨハネ騎士団とテンプル騎士団の二大騎士団である。聖ヨハネ騎士団の設立が一一一三年であるのに対し、テンプル騎士団の設立は一一一九年であり、その設立年においてもほぼ同時期と言ってよい。ただテンプル騎士団は、当初から純粋に軍事を目的に新たに創設された点において、病院を母体とした聖ヨハネ騎士団とは大きくその性格を異にしていた。第二代総長レイモン・デュ・ピュイの下での聖ヨハネ騎士修道会の急速な軍事化（第一章）には、当時聖ヨハネ騎士修道会の宿命のライバルであったテンプル騎士団の影響が色濃い。テンプル騎士団が拡大とともにその事業を銀行業に広げ、富を蓄える一方、聖ヨハネ騎士修道会は質素倹約を旨とした。

さらにその後、二大騎士団の成功に続くように、既存の修道会が自らの騎士団を所管したり、単一国の騎士たちが同胞団として騎士団を結成する動きが見え始め、聖地だけでも聖ヨハネ騎士団、テンプル騎士団に加えて聖ラザロ騎士団（ハンセン病病院で奉仕する騎士で結成）、ドイツ騎士団（ドイツ騎士修道会、ドイツ出身の騎士で結成）、聖墳墓騎士団（エルサレム王国を防衛する騎士で結成）と五騎士団までが誕生する。

彼ら騎士修道会は、キリスト教世界で最初の厳格な規律を有したプロの軍隊であり、命を顧みないその勇敢な戦い方は、「戦う修道士」として、キリスト教世界の剣としての役割を担った。

## 流浪の騎士団

この五騎士団に重大な転機をもたらしたのが一二九一年の聖地喪失（第二章）である。聖地を失った諸騎士団は、これを境にヨーロッパ全土に離散すると、それぞれ全く異なる運命を辿った。

聖ヨハネ騎士団はこの危機に、自らの病院騎士としての原点に回帰することで鮮やかに復活を果たす（第三章）のだが、他の騎士団には悲喜こもごものその後が待っている。

中でもとりわけ悲劇的な運命に見舞われたのは、イスラム教徒と戦うことを唯一の意義とした宿命のライバル、テンプル騎士団であった。彼らは聖ヨハネ騎士団とは異なり、その存在意義を変革することを頑なに拒んだ。聖地喪失後もエジプトやパレスチナ沿岸に船で漕ぎ着けるやゲリラ戦を仕掛けていたテンプル騎士団だが、往年の勢力を取り戻すことは出来ず、事実上の消滅への道を辿っていた。そして運命の一三〇七年、フランス国王フィリップの陰謀により総長ジャック・ド・モレー以下のテンプル騎士たちが捕らえられ、無実の異端の罪で火炙《ひあぶ》りとされた。テンプル騎士団の財産は、教皇勅令により一部聖ヨハネ騎士団に移管された。あまりにも悲劇的な、ライバルの退場であった。

一方で、歴史で再び活躍の場を与えられた騎士団もある。ドイツ騎士団は、次なる活躍の場を北に求め、現在のポーランド・バルト三国一帯を占有した異教徒プロイセン人を次々に征服すると、一二三〇年にはこの占領地に「ドイツ騎士団国」を建国する。聖ヨハネ騎士団のロードス島獲得（第四章）に先駆けること、約八〇年であった。だがドイツ騎士団国もまた、一四一〇年タンネンベルクのポーランド軍との戦いで敗北を喫した。これを契機に衰退への道を辿ると、現在では軍事要素を全て捨てたカトリックの修道会として細々と存続している。

## 世俗化する騎士団

こうして一四・一五世紀にかけ、聖ヨハネ騎士団と聖地で騎馬を並べて戦った騎士修道会が一つ、また一つと歴史の表舞台から消えていくのとはうらはらに、各国の君主たちはこぞって宗教と無縁な世俗騎士団、すなわち実体のないお飾りの騎士団を創設し始める。こうした騎士団は、もはや騎士修道会と呼ぶことは不可能である。

現存する世俗騎士団で最古の歴史を有し、一四世紀半ばに創設された格式の高いガーター騎士団でさえ、その名称の起源は、英国王エドワード三世が宮廷舞踏会において拾い上げた伯爵夫人から滑り落ちた青色の靴下止め（ガーター）にあるとされる。こうした逸話からは、世俗騎士団とは君主のある種の児戯であり、名誉称号に過ぎないことが明らかである。

しかし巷間では、世俗騎士団に入団を認められることが、君主との近しさ、そして自らの毛並みの良さを示す社会的名誉であるという風潮が醸成されていく。そして国家の栄典制度として世俗騎士団を活用する手法を完成に導いたのが、マルタ島から聖ヨハネ騎士団を追い落としたあのナポレオン（第十章）であったことは皮肉である。彼はレジオン・ドヌール騎士団という世俗騎士団を設立し、騎士団員に授与する等級に応じた団員章を制定すると、「諸兄らは、こんなもの子供の玩具に過ぎないと言うかもしれない。しかし兵隊を動かすものは、得てしてこういう玩具《リボン》なのだ」と言ったと伝わる。この団員章を見た幕末の日本人は、これに「勲章」という訳を充てた。

こうして近代に入り市民文明が勝利し、貴族制とともに騎士階級が崩壊した時、ただ勲章制度のみが生き残り、辛うじて騎士という身分の命脈を今日へと保った。今日、日本人が「勲章（Order）」と訳す欧米の栄典が、正しくは「騎士団（Order）」であるのはこうした訳である。

騎士団は宗教組織としての騎士修道会こそが本質的な在り方であったものの、社会の世俗化とともに騎士団もまたその波から逃れ得ず、遂に世俗騎士団という悪貨が良貨を駆逐したと言えよう。

こうして歴史から騎士団という社会機構が零《こぼ》れ落ちるように失われていく中で、聖ヨハネ騎士団のみは悠久の歴史を経てなお今日まで古《いにしえ》の騎士修道会としての在り方を保持し続けた。騎士と、騎士団が辿る一千年の旅路も、本書の副主題である。

**騎士団の類型（橋口氏の分類に基づく）と、それぞれの現在**

世俗的 ←→ 宗教的

| 類型 | | | 騎士団 | 〈創設年〉 | 〈現代の状況〉 |
|---|---|---|---|---|---|
| 宗教的 | 国際的 | 創設・純軍事的 | テンプル騎士団 | 1119 | 異端審問により消滅 |
| 宗教的 | 国際的 | 創設・編成替・昇格 | 聖ヨハネ騎士団 | 1113 | マルタ騎士団として存続 |
| 宗教的 | 国際的 | 創設・編成替・昇格 | 聖ラザロ騎士団 | 1142 | 世俗化、勲章として存続 |
| 宗教的 | 国際的 | 既存修道会所管 | アヴィシュ騎士団 | 1146 | 世俗化、勲章として存続 |
| 宗教的 | 国際的 | 既存修道会所管 | カラトラーバ騎士団 | 1164 | 世俗化、事実上消滅 |
| 宗教的 | 国際的 | 既存修道会所管 | アルカンターラ騎士団 | 1177 | 世俗化、事実上消滅 |
| 宗教的 | 国家的 | | 聖墳墓騎士団 | 1122 | 教皇庁騎士団として存続 |
| 宗教的 | 国家的 | | ドイツ騎士団 | 1191 | 修道会として存続 |
| 世俗的 | 君主設立 | | ガーター騎士団（英） | 1348 | 国家勲章として存続 |
| 世俗的 | 君主設立 | | 聖マウリツィオ騎士団（伊） | 1434 | 王家勲章として存続 |
| 世俗的 | 君主設立 | | 聖ミカエル騎士団（仏） | 1469 | フランス革命により廃止 |
| 世俗的 | 君主設立 | | レジオン・ドヌール騎士団（仏） | 1802 | 国家勲章として存続 |
| 世俗的 | 君主設立 | | … | | |
| 世俗的 | 諸侯設立 | | 金羊毛騎士団（ブルゴーニュ公） | 1430 | 王家勲章として存続 |
| 世俗的 | 諸侯設立 | | … | | |

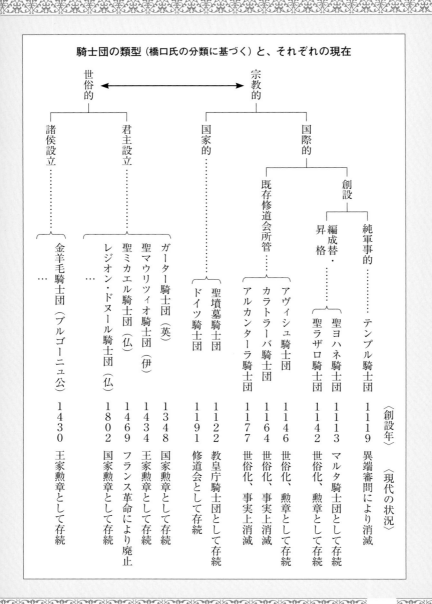

# 歴史第二章　防衛（シリア・パレスチナ地方・1150-1291）

## 惰眠

十字軍が奪還した聖都エルサレムは、甘美でどこか退廃的な香りが漂う都市であった。綺羅びやかなガラス、色鮮やかな絨毯《じゆうたん》、シリアの香水にエジプトの香油……。ヨーロッパの冷たい雨と寒い冬に慣れ親しんだ十字軍兵士には、オリエントの空気は甘すぎたのかもしれない。

そんな怠惰な惰眠を貪る十字軍国家に、終わりの始まりが訪れる。十字軍国家の出現から半世紀後の一一四六年、イスラム教徒たちによる反撃の狼煙《のろし》が上がったのである。

皮切りは、「メソポタミアの目」と称されたエデッサの陥落であった。イスラム教徒たちは、キリスト教徒たちの下らない面子《めんつ》争いを冷ややかに横目で見つつ、まるではりぼての城かのようにエデッサを攻め落とした。住民たちは、幸運な者は捕囚の身に、不運な者はその場で虐殺され、エデッサ伯国は一夜にして消滅した。慌てふためいた教皇エウゲニウス三世は第二回十字軍を派遣するものの、烏合《うごう》の衆の十字軍は何一つ成果を挙げること無く霧散する。半世紀前に一大軍事行動を成功させたのと同じキリスト教徒とも思われない体たらくであった。

無様なキリスト教徒たちとは対照的に、イスラム教徒たちは、最強の英雄を得ようとしていた。智者であり誰より勇敢な戦士、サラーフッディーン。西洋世界でサラディンと呼ばれ恐れられる男であった。聖地の防衛は、騎士団の剣に託された。

## 宿敵サラディン

一一六九年、サラディンは遂にエジプト全土の軍権を掌握する。若干三二歳、アイユーブ朝の樹立である。大国エジプトを手中に収め、脂の乗り切ったこのスルタンが眼を向けた地こそ、七〇年もの間キリスト教徒たちに占有されていたシリア・パレスチナ地方であった。

そもそも十字軍が成功を収め、内紛がありながらも半世紀以上も十字軍国家を維持出来たのは、イスラム側の分裂によるところが大きかった。しかしその風向きが、若きスルタン・サラディンの登場により一変した。サラディンは極端な宗教的熱意でイスラム教徒を統率し、キリスト教の侵略者たちを海に追い落とす熱狂を巻き起こした。いわばイスラム版十字軍と言えるこの運動において、スルタンはこう言ったと伝えられる。「彼らの呼吸する大気もろとも浄化せよ」と。

当時強盗公として忌み嫌われていたトランスヨルダンの領主ルノー・ド・シャティヨンの蛮行が、サラディンに進軍の大義を与えた。ルノーがサラディンとの停戦協定を無視し、所領を通行するイスラム隊商を略奪したことを口実に、サラディンは七〇〇〇の軍勢を自ら率いて急ぎルノーの所領へと兵を進めたのである。そして一一八七年五月一日、クレッソン泉の脇において、迎え撃ったキリスト教軍と会敵した。

この緒戦の相手こそ、聖ヨハネ騎士団・テンプル騎士団の両騎士団であった。迎え撃つ両騎士団の軍勢は、合わせて僅か一五〇騎。だがキリストの戦士たる騎士たちの頭に、撤退の二文字は存在しなかった。彼らは理性的に撤退を判断した総長を臆病者と断じると、勝ち目のないことが明らかな戦場

ヒッティーンの戦い（セバスチャン・マメロ『聖地への旅路』（1473年）より）

に、死に向かって突撃した。

サラディンの軍勢が引き上げた時、戦場に残った生存者は、聖ヨハネ騎士団五騎、テンプル騎士団三騎のみであった。この光景を見たサラディンが、騎士団に蛮行を見出したのか、それとも揺るがぬ信仰に基づく武勇を見たか、それは分からない。ただ一つ確かなのは、このクレッソン泉の戦いが、サラディンの脳裏に、「騎士団」というキリスト教組織への恐怖を焼き付けたということである。これ以降、サラディンは、たとえ他のどの捕虜に慈悲をかけ釈放しようと、騎士団員だけはひとり残らずその場で処刑するようになったのだから。

## 聖都エルサレムの失陥

一一八七年七月一日。聖都エルサレム奪還に向けたサラディンの本格侵攻の火蓋《ひぶた》が切って落とされた。一万二〇〇〇騎の騎兵と八〇〇〇の歩兵から成る大軍勢は、ティベリアスの町を瞬く間に攻略。トリポリ伯夫人エスキヴァの籠城する城のみが、大軍勢の中に儚《はかな》く取り残された。

キリスト教側も直ちに聖ヨハネ騎士団・テンプル騎士団の両騎士団を中核として、大防衛軍を組織した。エルサレム総主教が彼らの武運を祈るため、当時もっとも神聖な聖遺物とされた「真聖十字架（イエス・キリストが磔《はりつけ》にされた十字架の断片）」を贈ったことは、如何にサラディンの侵攻が存続の危機として受け止められていたかを雄弁に物語っている。

聖ヨハネ騎士団は苦悩した。哀れなトリポリ伯夫人の取り残されたティベリアスの城と自軍との間には、見渡す限りの焼け野原のような不毛の高原が広がっていた。無理な行軍を承知で直ちに勇敢なトリポリ伯夫人の救援に出立すべきか、それともここで布陣を敷いてサラディンを万全の態勢で迎え撃つべきか？

鶴の一声は、総司令官であるエルサレム王ギー・ド・リュジニャンによってもたらされた。直ちに救援に立つべし、と。この決断によって、両騎士団と、聖都エルサレムの命運は決したのであった。

七月三日早朝、キリスト教軍はセフォリー砦を出立し行軍を開始した。身を焦がすオリエントの太陽の下、水場の影もない炎天下の高原を、騎士たちは重い甲冑に身を包み必死で歩を進めた。その時、渇きに苦しむキリスト教徒たちの眼前、ゆらめく蜃気楼のその先に、戦いの準備を整えたサラディンの騎馬隊が陽炎の如く姿を現した。その後のサラディンの軍勢の挙動は、あたかも小動物に襲いかかる獅子の群れのようであった。午後、騎士団を中核とした後衛が崩れ落ちた。後は、一方的な狩りであった。

エルサレム王ギーは捕囚の身となった。そして、聖ヨハネ騎士団のシンボルである白十字を身に着けた者は全て、その場で即座に処刑された。「真聖十字架」もイスラム側の手に落ちた。

後にヒッティーンの戦いと呼ばれることになるこの会戦に一方的に勝利したサラディンは、その後もアッコン、ナビュラス、ヤッファと主要都市を次々と攻略。一〇月二日、遂に聖都エルサレムは、その城門をサラディンに開き降伏した。第一回十字軍によるエルサレム奪還から、八八年後のことであった。

半世紀に亘り病院騎士として献身した聖ヨハネ騎士団の剣は、サラディンによって打ち砕かれた。

## 聖ヨハネ騎士団の再興

サラディンとの戦いにおいて騎士の大半を失った聖ヨハネ騎士団であったが、その基盤が微塵も揺らがなかったことには驚きを禁じ得ない。事実彼らは、たった数年後の第三回十字軍において、まるで不死鳥のように再興を果たしている。これは、聖ヨハネ騎士団がその一千年近い歴史で幾度となく経験することになる、挫折と再起の最初の例であった。聖ヨハネ騎士団はその歴史における再起の過程において、以前よりもさらにその地位と規模を増す。それは、今回も例外ではなかった。

ではなぜ聖ヨハネ騎士団は、聖地の騎士の大半が戦死するというこの大打撃から、僅か数年で再興することが出来たのだろうか？　それは、この時代の聖ヨハネ騎士団の基盤が、既にシリア・パレスチナ地方でなく、ヨーロッパ本土に強固に築かれていたことによる。この時代には、聖ヨハネ騎士団は全ヨーロッパに数多くの直轄領を持ち、世俗の権力に干渉されない治外法権の下、莫大な収入を確保していた。ここに、各国王家からの支援や、信心深い人々の遺産、保護した巡礼者や治癒した病人からの寄進が加わることで、聖ヨハネ騎士団は当時の一国の予算にも相当する程の経済的基盤を確保していたのである。

さらに聖地でのサラディンとの死闘における悲劇は、聖ヨハネ騎士団の名声を落とすどころか、寧《むし》ろそれを高めたことも予期せぬ追い風であった。戦死した騎士の穴を埋めるため、ヨーロッパ中から、騎士たちが次々と聖地に志願した記録がそれを証明している。

### 城塞ネットワーク

この時代における聖ヨハネ騎士団の騎士数は、どの時点でもおよそ三〇〇名程度に過ぎなかったと歴史家は推定している。だがこの三〇〇の精鋭が、多数の従士と使用人、そして傭兵を雇用することで、彼らは聖地全域に亘る広汎な城塞ネットワークを維持した。このネットワークによりイスラム軍の侵攻を籠城戦で食い止めつつ、随時騎馬隊を出撃させて電撃的に叩くことが、少数精鋭の騎士団の主たる戦法であった。

中でも当世から東西世界にその名を馳せ、そして今日でもなおその美麗な姿を残すのが、トリポリ伯国に聖ヨハネ騎士団が所有したクラック・デ・シュヴァリエ（騎士の城）である。これは一一四四年から聖ヨハネ騎士団が駐屯した対イスラム教徒最前線に位置する城塞であり、ここでは約六〇名の騎士が、約二〇〇〇名の従士と傭兵を指揮していた。当時最新の築城技術で強化された騎士団の誇るこの城塞は、幾度ものイスラム教徒の襲来を跳ね返し、周囲が見渡す限りイスラム教徒に占有された後も独力でその勢力を維持した。後に、イスラムの指導者たちはクラック・デ・シュヴァリエに次のあだ名を付けることになる。「喉元《のどもと》に刺さったホネ」と。

シリア海岸最大の城塞と謳われたマルガット（マルカブ）城もまた、一一八六年に聖ヨハネ騎士団の手に売り渡された。岬にそびえ、三方を海に守られ、有事には住民一万人を収容出来た広大な城であった。他にも聖ヨハネ騎士団は聖地に数十の城塞を所有し、こうした騎士団による城塞ネットワークが、最終防衛線として、そして前哨基地として迎撃の拠点を成していたのが当時の十字軍国家であった。

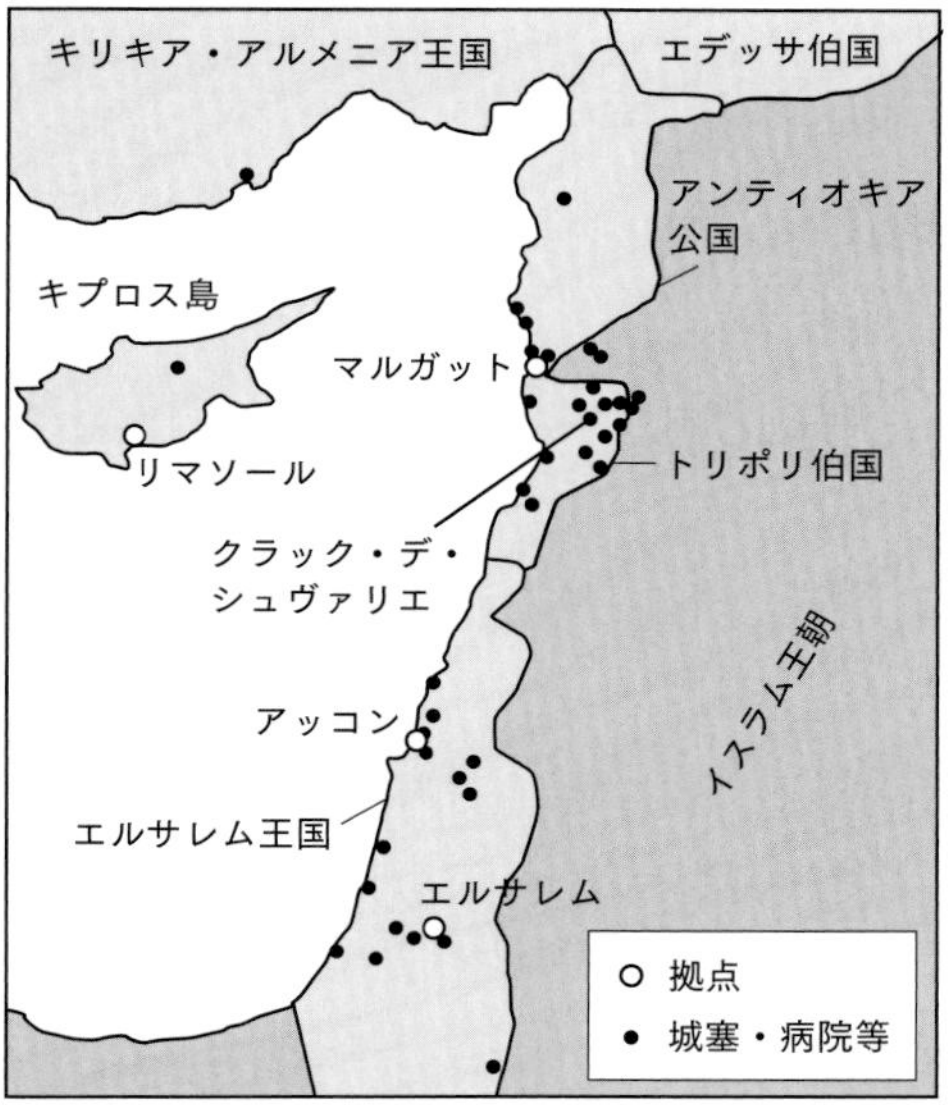

13世紀における聖ヨハネ騎士団の城塞ネットワーク

## 聖地喪失

一二五〇年、新たなイスラム王朝であるマムルーク朝が成立した。奴隷身分の騎兵「マムルーク」から実力本位でスルタンを登用する異例の国制を採用したこの王朝は、世襲を行わず、多くのスルタンが自ら武具を取り戦場に赴くほどの超武闘派王朝であった。その武闘派王朝が、眼前の「喉元に刺さったホネ」、十字軍国家を放置するはずも無かった。まず一二六五年にカエサリア、次いで一二六八年にアンティオキアが犠牲になった。制圧された都市の全ての男は虐殺され、女子供

クラック・デ・シュヴァリエ

マルガット城

は奴隷として売り払われた。ローマ帝国以来のあらゆる富と比類なき芸術が略奪され、全てが灰燼《かいじん》に帰した。

押しては引くマムルーク朝の大軍勢の前に、少数精鋭の騎士団の城塞は大海に浮かぶ孤島のように無力であった。遂に一二七一年にはクラック・ド・シュヴァリエが陥落。続く一二八五年にはマルガット城もまた、陥落した。一二八九年、地中海最大級の港であったトリポリが、一四万の膨大な軍勢により攻略。都市は略奪され、美しい都と、人々は全て奪われた。こうして十字軍国家は、アッコンを残すのみとなった。

サラディンによるエルサレム陥落以降、エルサレム王国の首都は北部の港町アッコンに移されていた。聖ヨハネ騎士団、テンプル騎士団の本部もまた、アッコンに置かれていた。故にこのアッコンこそが、聖地のキリスト教徒の最後の希望であり、十字軍国家の存続を支えるただ一本の蜘蛛《くも》の糸であった。そのアッコンに、イスラム軍の足音が迫っていた。

### アッコン籠城戦

一二九一年五月、避けられない時が到来した。スルタン、アル＝アシュラフ・ハリールが、一〇万の兵を率いてアッコンの攻略に進軍したのである。

アッコン籠城戦は、十字軍国家の最期に相応《ふさわ》しい、聖地の全騎士団の総力を尽くした壮絶な戦いとなった。聖ヨハネ騎士団は都市の南部、テンプル騎士団は都市の北部を受け持ち、聖ヨハネ騎士団の右翼にはキプロスとシリアの騎士たちが、その隣にはドイツ騎士団が城壁を死守せんと布陣した。アッコンに集った騎士の総数は八〇〇騎であり、彼らが一万四〇〇〇の守備隊を指揮した。

四月一一日、城壁を囲む九〇を超える投石機《カタパルト》が、文字通り一斉に火を吹いた。このイスラムの投石機は、岩のみでなく、陶器製の焼夷弾を投射することが出来たのである。聖地最後の籠城戦の火蓋が切って落とされた。

聖ヨハネ騎士団は、防戦のみならず勇猛果敢に隊列を組み城外に出撃し、敵に多くの犠牲を強いたものの、遂に包囲の突破には至らなかった。一方のスルタンは、従軍する多数の土木労働者を、その犠牲も顧みることなく日々城壁の倒壊に延々と投入した。まずイングランド塔が、次いでブロワ塔、聖ニコラス塔が次々と崩れ落ちた。攻撃は日々苛烈さを増し、いつしか各騎士団もまた内城壁にまで追い詰められていた。

五月一八日払暁、この聖地最後のキリスト教徒の街に対する、スルタン最後の攻撃が始まった。投石機が街の奥深くまでを廃墟と化し、矢の雨で空が陰る中、マムルーク軍は三〇〇頭のラクダを従え、巨大な横笛と太鼓を打ち鳴らしながら攻め寄せた。その攻撃は、聖アントニオ門に布陣した聖ヨハネ騎士団に集中した。

朝日が昇る頃には、イスラムの旗が城壁に翻り、城壁を突破した先陣が市内に流入し始めた。この期に及んでようやく、テンプル騎士団が過去のわだかまりを解き、聖ヨハネ騎士団の救援に駆けつけたことを、果たして美談と呼んで良いものだろうか？　しかし時は既に遅く、聖ヨハネ騎士団は、アッコンの城壁においてほぼ全数の騎士が戦死を遂げた。

今や街の港では、アッコンの住民が先を争うように船で脱出を図っていた。だが全員を避難させるだけの船が街にあるわけもなく、乗り遅れた数千人の市民は次々と溺死し、虐殺され、さらに数千人が奴隷として引きずり出された。僅かに生存していた聖ヨハネ騎士・テンプル騎士たちは、岬の北端にある宮殿に立てこもると、一〇日間もの間、最期の抵抗を続けた。

誰もが、自らに訪れる運命を知っていた。聖ヨハネ騎士団軍団長マシュー・ド・クレルモン、テンプル騎士団総長ギヨーム・ド・ボージューもまた、この最後の抗戦で戦死を遂げた。五月二八日、遂に二〇〇人のマムルーク兵が城壁を破壊し突入すると、騎士たちは進んで城壁を破壊し砦を自壊させ、イスラム兵を道連れに自らも全滅し、騎士団の名誉を貫いた。

こうして、第一回十字軍により産み落とされた十字軍国家は、終焉した。教皇の夢は潰え、新たな支配者であるマムルーク人は、聖地の慈悲深い支配者であったアレキサンダー大王やゴドフロワ・ド・ブイヨンと異なり、火と血潮しかもたらさなかった。僅かに死の運命を免れた聖地のキリスト教徒たちは、生を繋ぐため、地中海をキプロス島へ目指し必死に船を漕いだ。それはあたかも水鳥の群れが、生息の地へと求めて大海を漂う様に似ていた。

アッコンで最後の抗戦をする聖ヨハネ騎士団軍団長マシュー・ド・クレルモン（ドミニク・パプティ画（19世紀）、ヴェルサイユ宮殿収蔵）

# 歴史第三章　海へ（キプロス島・1291-1307）

## キプロスへの逃避行

淀んだ空気が漂う船中、僅かな数の満身創痍の騎士に囲まれ脱出の途にあった第二二代聖ヨハネ騎士団総長ジャン・ド・ヴィリエの胸中には隅々まで苦いものが広がっていた。彼は沈思黙考しながら、なぜアッコンの地で自ら死ななかったのかという自問を幾度となく繰り返していた。共に戦った聖ヨハネ騎士たちは、既に両手で数えられるまでに数を減らしていた。いっそ我も聖地で倒れ、栄えある騎士団を歴史に散華《さんげ》することが、真の騎士道だったのではないか？　そんな考えが心に浮かぶ度に、冷静沈着で知られたジャン・ド・ヴィリエは、小さく十字架を切り自らの使命を思い起こした。総長には、忠実なるキリストの戦士たちの共同体の指導者として、この騎士団を永世にまで存続させるという神に誓った責務があった。

思考の堂々巡りに沈む総長の意識は、見張りの騎士が上げた「陸地見ゆ」の歓喜の声によって現実に引き戻された。それは、彼らの脱出船が、キプロス島に到達した知らせであった。

第三回十字軍が行きがかり上キプロスを占領していたことが、聖地のキリスト教徒たちに逃避の地を与えたのは、歴史の幸運な偶然であった。聖地から逃れたキリスト教徒難民たちは、こうして散り散りに出立しながらも、だが一途キプロス島を目指したのである。それはジャン・ド・ヴィリエに率いられた僅かな聖ヨハネ騎士団の生き残りも例外では無く、彼らは這々《ほうほう》の体《てい》で一二九一年初夏にキプロス島に上陸した。

しかし命を拾ってキプロス島に辿り着いたキリスト教徒たちを待っていた境遇は悲惨であった。財産も家も失った無一文の中、彼らは苦難の生活を強いられた。伝承によればキプロス島の女性は、その後一〇〇年もの間、戸外に出る時に黒いマントを身に着けることで、キリスト教徒たちの悲運を悼んだという。

彼ら難民の境遇と比べれば、聖ヨハネ騎士たちを待っていた運命はずっと幸運であった。確かに聖ヨハネ騎士団は、聖地の騎士のほぼ全数と、数々の城塞、そして何より聖地の防衛という最大の存在理由を喪失した。しかし彼らには、ヨーロッパ本土に広大な所領と資産があった。そして何より、聖ヨハネ騎士団にはまだ、戦い以外の使命が残されていたのである。

### 新たな使命

聖ヨハネ騎士団がキプロス島に逗留したのは、一二九一年から一三〇七年にかけてのたった二〇年足らずに過ぎない。にもかかわらず、このキプロス島逗留は、その長さ以上に騎士団にとって価値ある滞在となった。彼らは聖地を失って初めて、自らの存在理由を改めて問い直す自省の時間を持ったのである。果たして自らは、何のために神より騎士たる名誉と、教皇より騎士団としての大特権を享けてきたのだろうか？

行き着いた答えが、病院騎士として、病める人々と貧しい人々への奉仕者として、初代総長ジェラールの示した原点に立ち返ることであった。聖ヨハネ騎士団はキプロス島到着後たった数年のうちに、島南部の都市リマソールに新しい病院の建設を着工した。

　さらに聖ヨハネ騎士団は、これから五〇〇年続くことになるもう一つの新たな在り方を、ここキプロスで見出した。それは、「海の騎士団」としての在り方であった。陸で戦えないなら、海に出れば良いのであった。一三〇〇年には既に提督〈アドミラートゥス〉という称号が記された騎士団の内部文書が残され、陸の精鋭たちは、瞬く間に海の精鋭へと姿を変えた。

　聖ヨハネ騎士団は、これ以降イスラムとの戦いの場を海上に移し、イスラム世界の海上交通路を徹底して攪乱することになる。聡明なる第二四代総長ギヨーム・ド・ヴィラレにより騎士団の組織と規律が抜本的に改革され、ヨーロッパ本土の財産と特権とが改めて確認され、騎士団艦隊が編成されると、聖ヨハネ騎士団はその存続を確かなものにした。

　聖ヨハネ騎士団は、またも不死鳥のように、灰燼の中からその存続を繋いだのであった。蘇る前よりも、さらにその存在と団結を強くして。

　故に聖ヨハネ騎士団のキプロス島生活が長く続かなかったのは、内部的理由でなく、ひとえにキプロス王ヘンリー（エルサレム王でもある）が彼らを煩わしく思っていたためであった。聖ヨハネ騎士団が聖地で如何に絶大な政治力と武力を有していたかは、全キリスト教世界の知るところであった。キプロス王も、島の有力者たちも、皆が騎士団を猜疑の眼で見ていた。今にも、キプロス島を乗っ取りにかかるのではないか、と。事実その気になりさえすれば、騎士団はいつでもクーデターを起こすだけの力を有していた。

　そんな針のむしろに座るような居心地の悪い日々を送っていた聖ヨハネ騎士たちの元に、新たな家を得る潮合が巡ってきたのである。その新たな家とは、エーゲ海に浮かぶ美しき島、ロードス島であった。

## ロードス島へ

エーゲ海の豊かな太陽と潮風を浴び、ぶどう、オリーブを始めあらゆる農産物を肥沃《ひよく》に育むロードス島は、古くから海運の拠点として栄えた港湾都市である。ロードスは、これまで二〇〇年の歳月を不毛の聖地で耐え忍んできた騎士団にとって、楽園と呼ぶに相応しい地であった。そこには、整備された港も、豊かな食物もあった。そして標高一二一五メートルの島の最高峰アタヴィロス山からは、周囲の海域と小アジアの沿岸が一望出来た。

ロードス島は一千年のあいだビザンツ（東ローマ）帝国領として栄えた島であるが、ビザンツの力が衰えた一三世紀頃からは度々その実質上の統治者を変えてきた。そして、聖ヨハネ騎士団がその新たな目標をロードス島に定めた一四世紀初頭には、ロードス島は近隣のイスラム教君侯国であるメンテシェ侯国によって実効支配されていた。

一三〇六年、聖ヨハネ騎士団総長ギヨーム・ド・ヴィラレの元に、神聖ローマ皇帝から封土を受けたロードス島の正統なる領主、アンドレア・モリスが近づいてきたのである。モリスは、自らの封土たるロードス島を、不法占拠するメンテシェ侯国から取り返してくれたならば、島の税収の三分の一と引き換えに、聖ヨハネ騎士団がこれを拠点として良いという取引を持ちかけてきたのである。本拠地を失っていた聖ヨハネ騎士団にとって、これは願ってもない条件であった。確かに収入の三分の一は痛かった。だが、アンドレア・モリスはいずれ没する生身の人間に過ぎない。だが騎士団は、今後も永劫に続くのだから。

唯一つ問題だったのは、この島には既にキリスト教徒の住民が居たことであった。彼らは、ようやくビザンツ皇帝の重税から解放され、半独立状態を得た島に、新たな統治者を迎え入れるつもりはなかった。

総長ギヨーム・ド・ヴィラレは、まず用意周到に教皇クレメンス五世と交渉すると、ロードス島攻略および所有の許可を得る。彼ら住民が正教会信徒であってカトリック教徒では無かったことが、攻略の正当性への詭弁の糸口を与えた。

一三〇七年夏、聖ヨハネ騎士団はロードス島に上陸。同年一一月、聖ヨハネ騎士たちは叙事詩『オデュッセイア』の一場面に描かれるオデュッセウスの策略を真似て、日没とともに羊の皮の下に潜り込んで羊の群れに紛れると、フィレリモス山の砦《とりで》を占拠したとされる。

この騎士たちの「羊の皮を被った」攻略行が史実かどうかを確かめる術はないが、一つ確かなのは、ロードス島の住民がこの新しい支配者に対し予想外の抵抗を見せたということである。聖ヨハネ騎士団はここからロードス島の攻略を終えるまで、さらに二年という年月を要したのだから。ロードス人の長く思いがけない抵抗は、ただでさえ聖地陥落で大打撃を受けていた騎士団の資産を大きく消耗させ、ヴェネツィアの金貸しからロードス島での今後二〇年間の収入を担保に差し出すことで資金を工面せねばならないほどであった。

結局、一三〇九年八月一五日、ロードス島は幸運にも大きな流血を見ることもなく交渉によって聖ヨハネ騎士団にその城門を開いた。この長い攻囲戦で騎士団が学んだことがあったとすれば、それは自らが拠点にしようとする島が、如何に防衛に適した天然の要塞かということだったであろう。もし東ローマ時代の古い城壁と素人同然の住民の守備でこれだけ強固に持ちこたえていたのであれば、聖

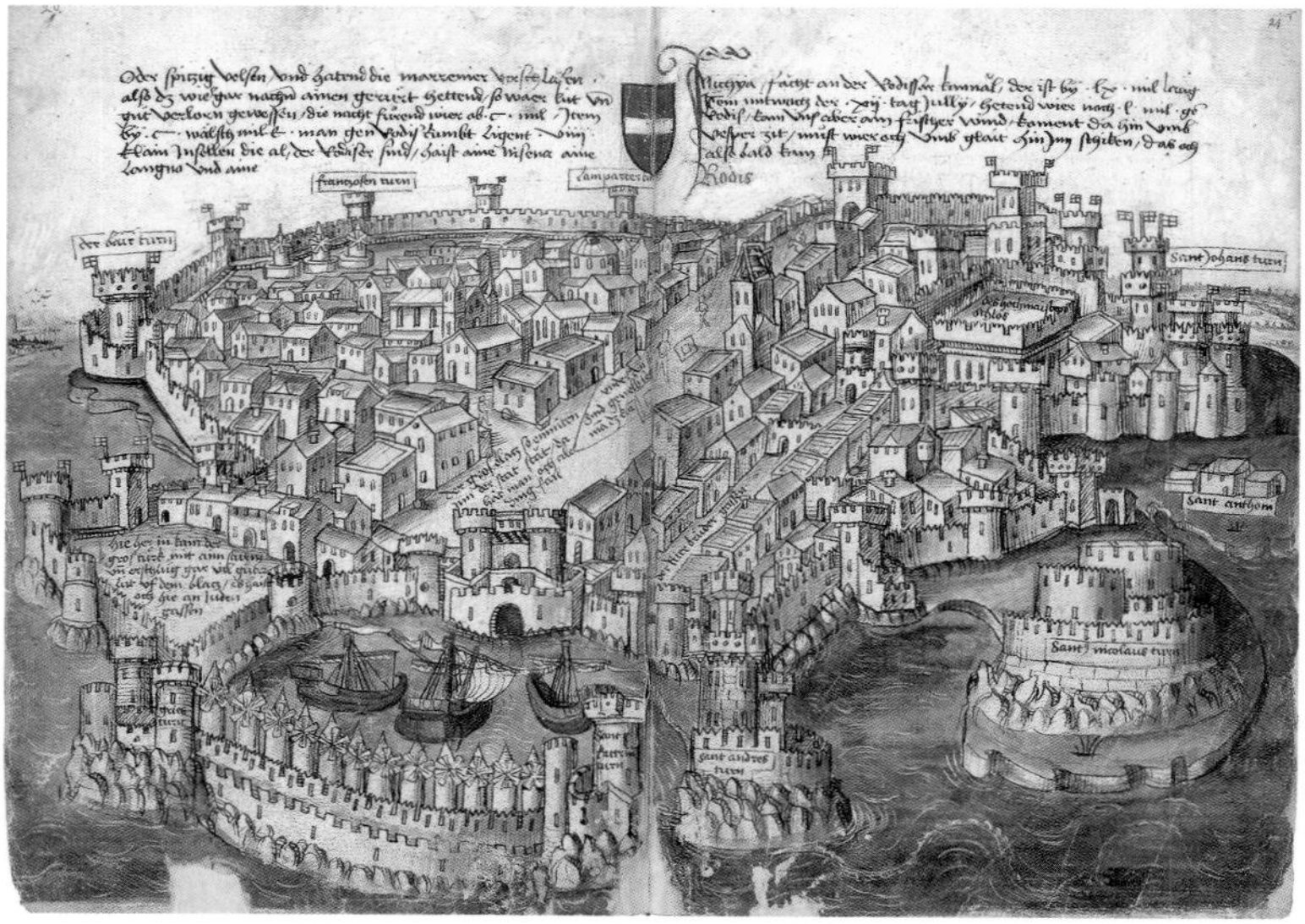


ロードスの街並みと港（コンラッド・グリューネンベルク『コンスタンティノープルからエルサレムへの旅の記述』（1487年）より、ドイツ・バーデン州立図書館収蔵）

地で身につけた最先端の築城技術と、精鋭の騎士たちで要塞を固めれば、不落の拠点が出来上がることは間違いないと思われた。

一三一〇年、騎士団は正式にその本部をキプロス島からロードス島へと移した。

## 新たな家

こうして聖ヨハネ騎士団は、聖地から追い落とされて以来初めて、安住の地を手に入れた。それも、肥沃で風光明媚なロードス島という絶好の地に。聖ヨハネ騎士団は新たな家を得て、次第に次の新たな名称でも知られるようになっていった。「ロードス騎士団」と。

騎士という新たな統治者をロードス島の住民がどう思っていたかを記した史料は残っていない。歴史とは、常に勝者によって書かれるものなのだから。但し大規模な反乱が起こっていないことから、ギリシア人は持ち前の順応精神を発揮し、イスラム教徒よりは西方のキリスト教徒に統治された方がマシだと割り切ったのかもしれない。いずれにせよロードス騎士団は、同胞のキリスト教徒の血で手を染めるという大罪は免れることができた。

ロードス島には、都市は首都ロードス一つしかない。これは防衛上むしろ利点であった。この港町にはかつて、世界の七不思議の一つ、高さ一五メートルのコロッソス（ロードスの巨像）がそびえ立ち、行き交う船を睥睨《へいげい》していた。巨像は既に失われて久しかったが、古代から続く二つの人工港は当時で

ロードス・騎士団総長館正門

ロードス・騎士団通り

ロードス・騎士団総長宮殿中庭

もなお栄え、良く整備されていた。騎士団は、このうち南側の商業港であるポルト・マーカンタイルを起点として、都市全体を徹底的に要塞化した。

こうしてロードス騎士団は、古代から栄える港とビザンツ帝国の都市の基礎の上に、他のどの都市よりも美麗で優れた港と、誰もが驚く大病院、整備された道路、堅牢な城壁を備えた地中海で最大の要塞都市を築き上げた。その威容は、今日でも少しも色褪せることなく残されている。

## 主権騎士団として

以降騎士団は、隣接するドデカニサ諸島、コス島、カリムノス島、レロス島、ピスコピ島、ニシロス島、シミ島の統治権を次々と手に入れる。これらの島々が、ロードス騎士団の新たな防衛線となった。聖地で騎士団が何十もの城塞ネットワークを築いたように、騎士団はロードス島という新たな家にもまた、同じ役割を果たす数々の島を手に入れたのである。海の騎士団に相応しく、要塞都市ロードスという天守閣に、何十キロもの水城が張り巡らされた。イスラム教徒は、彼らの勢力圏から目と鼻の先、その海上貿易ルートの真っ只中に、まるで魔法のようにキリスト教徒の不落の城塞が突然誕生したことに、驚愕するとともに臍《ほぞ》を噬《か》んだ。

ロードス騎士団は教皇庁から正式にロードス島の領有を認められ、騎士団総長はロードス島の君主たる地位を占めることとなった。こうして、ここエーゲ海において、騎士団は名実ともに自らの領土と統治する民とを備え、初めて「主権」を獲得したのである。

聖地の一病院として生まれた騎士団が、二〇〇年の時を経て、遂に独立国となった瞬間であった。ロードス島で国際的に承認された他国からの独立と、軍隊の維持・配備、そして大使任命の権利は、七〇〇年後の今日まで続く騎士団の国際法上の主権の原点となった。以来騎士団は、二一世紀の今日に至るまで国際社会でこの主権を維持することになる。

騎士団の未来は希望に溢れていた。ロードスの街並みには白いビザンチン様式の礼拝堂が点在し、南には果樹の揺れる豊かな農地が広がっていた。エーゲ海の風にそよぐ長い山並みには島の背骨である石灰岩の丘が悠然とそびえ立ち、日が沈むと紫に染まった。渓谷には水の音が響き渡り、蝶が岩の間に紙吹雪のように舞っていた。

# 歴史第四章　覇者（ロードス島・1307-1452）

## エーゲ海の覇者

異なる二つの宗教が共存出来るほど、エーゲ海は広くは無かった。払暁、対岸の小アジアに朝日が昇る度、ロードス島の騎士たちはカリア山脈の山陰がまるで大軍のように大地を行進する様を不気味に見た。それはあたかも全イスラム世界が、ロードス騎士団を威嚇《いかく》するかのようであった。目と鼻の先で不遜に君臨する集団を見逃すほど、イスラム側は寛容でなかった。

こうして、騎士たちがこの島を獲得して僅か二年後の一三一一年、騎士団はロードス島での初陣を経験することになる。二〇隻ほどのイスラム軍艦隊がキクラデス諸島最果てのアモルゴス島を攻撃し、残虐な略奪と乱暴を働いたことが、その引き金となった。アモルゴス島はロードス本島から二〇〇キロ近い距離を有するものの、総長フールク・ド・ヴィラレはこれをロードスの外部防衛線に対する最初の脅威と認識、組織されたばかりの騎士団艦隊を直ちに北に差し向けたのである。結果は、騎士団の一方的な圧勝に終わった。

さらに同年、キプロス国王の遠征に同行した騎士団艦隊は、古代都市エフェソスの海峡においてもイスラム軍を圧倒している。ロードス騎士団により沈められた幾多のイスラム船の残骸が、幾日もエーゲ海の波間を埋めた。

マルタ騎士団キャラック船模型（マルタ海洋博物館展示）

ロードス島に生まれ育った生粋の船乗りたちが舵を取り、捕虜となった多数のイスラム教徒が櫂《かい》を漕ぎ、そして白銀の鎧《よろい》に身を包んだ聖ヨハネ騎士が白兵戦を担当する。この三重奏によって運用され、速度と機動性とを重視して新造された騎士団の戦闘ガレー船に敵うものは、エーゲ海に存在しなかった。ロードス騎士団艦隊は、無敵艦隊として、騎士団旗を高々と掲げエーゲ海を航行した。

以来、ロードス騎士団には新たな収入源がさらに一つもたらされることになる。対イスラム教徒の御旗の下で獲得された、エーゲ海を行き交うイスラム交易船からの略奪品がそれであった。

## 対イスラム教徒の剣

こうしてロードス騎士団は、エーゲ海の覇者としての立ち位置を瞬く間に築き上げた。中世を通じて、騎士団に対する態度がまるで振り子のように揺れ動いていたローマ教皇であったが、この時期、飛ぶ鳥を落とすばかりの勢いであったロードス騎士団に対しては政治的干渉をしていない。というよりも、出来なかったと言った方が正しいかもしれない。一三〇七年にテンプル騎士団が解体されて以来、対イスラム教徒の戦闘の先鋒を務められる組織は、もはや全キリスト教世界でロードス騎士団しか残されていなかったのだから。

　こうした社会の期待に応えるかのように、ロードス騎士団はその指揮系統を急速に軍事化させていく。騎士をその出身地別に組織する軍団制の整備、そしてそれぞれの軍団の本営である騎士館とそれを統括する軍団長の設置など、騎士団が戦闘組織化の一途を辿り始めるのがロードス島時代の特徴である。治外法権と免税を保障されていた聖ヨハネ騎士団は、キリスト教世界において並ぶもののない組織へと成長していた。

## アレクサンドリア十字軍

　教皇の夢が再びヨーロッパを駆け巡ったのは、一三六五年であった。キプロス王ピエール（ペトロス）一世に説得された教皇ウルバヌス五世により、新たな十字軍が宣言されたのである。その前衛は、聖地の地理、イスラムの戦術、そして敵の配置を熟知したロードス騎士団以外にあり得なかった。

　同年夏、一六五隻からなるキリスト教世界の大艦隊が全ヨーロッパからロードス島に集結する姿を認めた時、ロードス騎士たちの胸中には万感の思いが去来したに違いない。騎士団が、キリスト教徒の同胞とともに、惨めな水鳥のように聖地から追い落とされて既に七四年が経っていた。這々の体でアッコンから逃れた総長ジャン・ド・ヴィリエから八代、遂にロードス騎士団はイスラム教徒に対する雪辱の機会を得たのであった。

　後にアレクサンドリア十字軍と呼ばれることになるこの十字軍は、キプロス王ピエール一世という明確な指揮官の下、情報戦や陽動戦術を駆使した珍しい十字軍である。その皮切りは、後世のノルマンディー上陸作戦を彷彿《ほうふつ》とさせる上陸地点の欺瞞作戦であった。ピエール一世はロードス島にさえイスラム側のスパイが潜んでいることを熟知しており、艦隊の行き先を誰にも告げようとしなかった。その一方で秘密裏に、シリア地方のキプロス国民に対し、即時の帰国命令を出した。この帰国命令によって、イスラム側は上陸地点をシリア地方と確信した。誰もが艦隊の行き先を聖地と疑わなかったのである。

だが、これこそがピエール一世の策略であった。上陸先は、聖地でさえなかった。

一〇月九日の夕方、イスラム最大の港町であるエジプトのアレクサンドリアにキリスト教徒の大船団が現れてもなお、住民はこれを商船団と信じて疑わなかった。そうして明朝、住民が異変に気づいた時には、全てが終わっていた。西側に上陸した陽動部隊に防衛隊が気を取られている間に、本隊が東から上陸し防衛隊を挟撃した。かつてローマ帝国随一の港町であったアレクサンドリアは、たった半日の間に陥落した。

戦術的に見事な勝利であった。しかしその後の展開が、十字軍の醜悪な部分を凝縮したような展開となってしまったことは、歴史の悲劇と言えよう。ピエール一世とロードス騎士団が唖然とする間に、十字軍はたちまち街に火を放つと無差別な略奪を始めた。略奪は止めよ、すぐに到来するイスラム軍援軍への防衛体制を整えよ、と懇願するばかりの命令をどれだけピエール一世が叫んで回っても、無駄であった。船団は略奪品の山で埋まり、愚かなことにその重さによってアレクサンドリア港の底に沈んだ船でさえ一隻や二隻でなかった。

煙が晴れた時、アレクサンドリアの都市は見る影もない廃墟と化していた。アレクサンドリアをキリスト教徒の要塞とし、そこを拠点に聖地奪還を目指すピエール一世とロードス騎士団の大いなる構想は、愚かな人間の欲望により潰《つい》えた。船団は、自らの戦利品を一刻も早く故郷で誇示せんとヨーロッパへと飛んで戻り、アレクサンドリア十字軍はその目的を達することなく霧散した。キプロスに帰還したピエール一世は四年後、暗殺された。

## ニコポリス十字軍

聖ヨハネ騎士団は失望の中、聖地奪還の悲願を独力で達成せんと思い定めて奮戦した。アレクサンドリア攻略・略奪の二年後には騎士団艦隊単体で聖地へと出撃すると、海岸線で連戦連勝を挙げるなど、その方向性は確かに戦術レベルでは成功を収めた。だが、騎士団の戦力は、特殊部隊としての少数精鋭ではあっても、聖地を単体で押さえるほどの兵力を有しないこともまた、このゲリラ作戦を通じて痛いほど明らかになった。ロードス騎士団は、無信心で熱し易く冷め易いヨーロッパの君主の心に、再び聖地への火が点くのを待つほか無かった。

その潮目は、一三九六年に巡ってきた。当時イスラム教徒との最前線に位置したハンガリーで王位に即位したジギスムント（後の神聖ローマ皇帝）が、オスマン帝国の脅威を訴えたことで始まった、後にニコポリス十字軍と呼ばれる歴史上最後となる大規模な十字軍であった。

教皇ボニファティウス九世の呼びかけにより集ったのは、フランス、ワラキア公国、ジェノヴァ、ヴェネツィアなどキリスト教諸国の一大軍勢であり、その中核である艦隊指揮の栄誉を任されたのが、他ならぬロードス騎士団であった。再び全ヨーロッパからロードス島に集結したキリスト教大艦隊を、第三四代騎士団総長フィリベール・ド・ナイラックが自ら率いてドナウ川を遡上し、遂に二万とも推計される大軍勢がイスラムに占有されたニコポリスに到達した。

この歴史上最後の大規模な十字軍は、また騎士道の十字軍でもあった。同年九月二五日、ニコポリ

ニコポリスの戦い（セバスチャン・マメロ『聖地への旅路』（1473年）より）

ス近郊における決戦において十字軍側が展開した戦術こそ、ブルゴーニュの騎士による突撃と、一騎打ちであった。彼らには、騎士としての矜持《きょうじ》と、そして慢心があった。フランス騎士たちは、ジギスムントの立案した作戦を臆病と断じると敵陣に一斉に突撃し、そしてその騎士道によって、イスラム軍の一糸乱れぬ集団戦法の前に壊滅したのである。

　フランス騎士たちは多くが捕囚の身となった。そして総長フィリベール・ド・ナイラックは、今度は敗残兵を再び艦隊でロードス島へと撤退させるという不名誉な任務を担ったのである。

　この敗戦後、ヨーロッパ諸国の君主は、イスラムとの戦いへの興味を再び失った。ロードス騎士団は、キリスト教徒への敵意を増すイスラムの目と鼻の先にあって、以降は孤立無援、独力で戦わねばならないことを悟った。もはやヨーロッパ本土からの十字軍は、期待出来なかった。

## 嵐の前の静けさ

ニコポリス十字軍の後しばらくの間、ロードス騎士団とイスラム世界との間には小康状態が続いた。もしかしたら、それは初代ジェラール以来で初めての小平和だったかもしれない。互いに目立った大きな戦闘は行われず、一四〇三年にはロードス騎士団はエジプトのマムルーク朝と条約を締結、平和裏に聖都エルサレムに領事館を設置することまで許可されている。

だがその水面下で、互いへの敵意は決して消えてはいなかった。それは赤黒いマグマのように、噴出するその時を待っていた。そしてその不平の圧力は、イスラム側により大きく溜まっていた。半世紀前にアレクサンドリアで行われた虐殺は、未だにイスラム世界の人々の心にはっきりと傷跡を残していた。なぜ、ロードス騎士団というイスラムの不倶戴天《ふぐたいてん》の敵との休戦など守らねばならないのか？　なぜアレクサンドリアの復讐を成し遂げないのか？　そんな民衆から湧き上がる内なる不満にイスラムの指導者たちが押し切られたのは、それから三七年後のことであった。

一四四〇年、ロードス騎士団とイスラムとの束の間の平和が破られる時が来た。マムルーク朝との条約が決裂すると、一七隻のイスラム艦隊が直ちにエジプトから出航、ロードス騎士団の大陸側の拠点カステロリゾを包囲した。だが聖ヨハネ騎士団は、半世紀に亘る平和が少しもその刃の切れ味を鈍らせていないことを証明している。ロードス島から出撃した八隻のガレー船から成る艦隊は、エジプト軍と海上で会敵すると瞬く間に敵を圧倒、一七隻中一二隻を捕獲する戦果を挙げる。さらに上陸した騎士隊は、陸上のマムルーク兵七〇〇名を殺すと、残り全ての兵を捕虜にするという大成果を上げた。半世紀ぶりのエジプトとの戦いの結果は、完勝であった。

雪辱に燃えたエジプトは四年後の一四四四年、再び遠征隊を組織すると、今度はロードス騎士団の本拠地であるロードス島に襲来した。しかし彼らは、四〇日間の包囲の間、この地中海でもっとも強固な要塞都市に目立った傷一つつけることが出来ず、すぐに挫折することになる。攻撃軍はアレクサンドリアへと撤退し、以降、エジプトのイスラム教徒がロードス騎士団に攻撃を仕掛けることは二度と無かった。

たった四〇日で終わりを告げたこの籠城は、もしかしたらロードス騎士たちにロードス島という天然の要塞に対する揺るがぬ自信を植え付けたかもしれない。だがしかし、このあっけない籠城戦は、後に訪れる真の試練の前奏曲に過ぎなかった。騎士団の命運を賭けた壮絶な攻防の日々が、夜明けを迎えようとしていた。

# 歴史第五章　勝利（ロードス島・1453-1520）

## ビザンツ帝国の滅亡

一四五三年、遂にビザンツ帝国の首都コンスタンティノープルが陥落した。ローマの栄華を細々と後世に繋いできたこの都とともに、長きに亘るローマ帝国の歴史そのものもまた終わりを告げた。紀元前二世紀にローマの大将軍スキピオが「聖なるトロイヤの都もやがて滅びる日来たらん」と遠い未来のローマの終焉を憂いてから、一六〇〇年を超える月日が過ぎていた。華々しい戦死を遂げたビザンツ皇帝コンスタンティヌス一一世は、最後のローマ皇帝という誰しも予想し得なかった形で歴史にその名前を刻んだ。歴史の潮目が、音を立てて変わろうとしていた。キリスト教徒にとって最悪の形で。

ビザンツ帝国に引導を渡したイスラムの指導者は、残忍で狂信的なスルタン・メフメト二世であった。後に「キリスト教最大の敵」「血に塗れた君主」として恐れられたこのスルタンにとって、苔むした古都の攻略などあくまでその征服行の手始めに過ぎなかった。彼は自らの二つ名に相応しく、その後もセルビア、ルーマニア、ワラキア、アルバニアと烈風が如くその軍勢を率いると、ペロポネソス半島をなめるように蹂躙《じゅうりん》した。

全キリスト教世界は、災禍のようなこのスルタンの登場により、恐怖の坩堝《るつぼ》に叩き落とされた。そ

ロードス城壁前で攻城準備をするイスラム兵（ギヨーム・コーザン『ロードス島攻防史』（1483年）より）

していつしかスルタンの勢力圏の真ん中には、ぽつんと、ロードス騎士団だけが取り残された。メフメト二世の魔の手がロードス島に及ぶのは時間の問題であることは、もはやどれだけ楽観主義な者の眼にも明らかであった。

　騎士団が歴史上迎えたこの幾度目かの存続の難局において、若き聡明なる騎士を指導者に大抜擢したことは、騎士団の有する類まれな危機管理能力の例と言えるかもしれない。ビザンツ帝国の滅亡の翌年、ロードス騎士団は三一歳の若きピエール・ドビュッソンを騎士団総長代理として選出すると、彼の指導の下でヨーロッパ本土から資金を集め、ロードス島のさらなる要塞化に邁進した。海側には高い城壁が張り巡らされ、新たに三つの塔が急ぎ建設されると、商業港には何時でも閉鎖可能なように鎖が沈められた。

　一四七九年には、もはや運命の対決は眼前であることが誰しも肌で感じ取れるまでになっていた。この二五年の間に、ピエール・ドビュッソンは正式に騎士団総長へと選出され、難攻不落のロードスは、当時誰も見たことのないさらなる大要塞へと変貌を遂げていた。

十字を掲げるロードス騎士団と、三日月を掲げるイスラム教徒との、存続を賭けた二〇〇年ぶりの全面戦争の幕が上がろうとしていた。

### 攻囲の日々の幕開け

一四八〇年の春、その時が訪れた。ロードス騎士団を地図上から消し去ることを決意したメフメト二世は七万の軍勢を組織し、五〇隻を数える艦隊に兵が満載された。この地平を埋め尽くさんばかりの大軍勢に立ち向かうロードス騎士団は、僅か六〇〇騎の騎士と、二〇〇〇の従士に過ぎない。ロードス島民は全員、敵の船の姿を認め次第、土地を焼き払い家族と家畜のみを連れ、直ちに要塞に退却するよう厳命された。

シチリアから入港する増援を迎え入れるロードス騎士団（ギヨーム・コーザン『ロードス島攻防史』（1483年）より）

　五月二三日の夜明け。鮮やかな朝焼けを背景に、イスラム軍の大船団が南下する様をロードス騎士たちははっきりと見た。日没とともにトリアンダ湾に上陸したイスラムの軍勢は、一時も無駄にすることなく、明朝、聖ニコラオス要塞に対してその戦端を開いた。

　このスルタンが科学に強い興味を抱いていたことが、ロードス騎士団に悪夢をもたらした。メフメト二世は、当時音だけが大きく威力は期待されていなかった大砲が、攻城戦に有用であることを見出した最初の指導者の一人であった。スルタンは治世の初期から鋳物工場の発展に注力すると、より巨大な砲の発明に余念が無かった。こうして作り上げた「バジリスク」と呼ばれる五メートルもの巨砲は、ロードス島にも三門持ち込まれている。

イスラム軍の最初の標的となった聖ニコラオス要塞に、このバジリスクから二メートルを超える巨大な砲丸が無数に浴びせかけられた。聡明な総長ドビュッソンはこの事態を予期し、予め街に地下壕を設けており、住民は当面の間避難し難を逃れることが出来た。しかし毎日一〇〇〇発もの砲丸を浴びる聖ニコラオス要塞は、刻一刻と損傷の度合いを増して行った。要塞と城壁がいずれ限界を迎えることは、誰しも口にはしなかったものの、疑う余地が無かった。

陸側で大砲が城壁に休み無く火を吹く一方、海側でもまたイスラム兵の攻勢が始まった。第一陣を担ったのは、シパーヒーと呼ばれたイスラムのエリート軍人であった。彼らは艤装を全て取り外した素の船で霧のかかった湾を急襲すると、競うように城壁に取り付いた。だが騎士団にとって幸いなことに、シパーヒーたちに戦術は無く、ただ我先に前に進もうとするのみであった。

群がるシパーヒーたちを、ロードス騎士たちは容赦なく矢と砲丸とで狙いすまして撃ち落とした。そうして砲火をかい潜り城壁に到達したシパーヒーたちを、城壁の上で白銀の甲冑に身を包み、両手剣を構えたロードス騎士の列が待ち受けていた。全身を鎧に包んだロードス騎士たちの隊列は、人間離れした様相をシパーヒーたちに与えた。シパーヒーたちは、ある者は一刀両断され、ある者は海に溺死し、その屍をロードスの城壁に晒した。

## イェニチェリ

シパーヒーたちの屍を越え、次なる攻勢を担ったのは、悪名高いイェニチェリ歩兵軍団であった。「イェニチェリ」とはトルコ語で「新たな兵士」を意味し、全く新しい概念で組織された当時最精鋭の軍団であった。彼らはほんの七歳の時に、キリスト教徒の家庭から選抜され強制徴兵された兵である。少年らは直ちに親元から引き離され、改宗の儀式を受けると、その一生を戦争のために捧げることを強いられた。結婚を禁じられ、家族も持たぬイェニチェリは、それだけに生粋のイスラム教徒よりも狂信的で、死をも恐れぬ兵士に育った。ある意味において、イェニチェリとは、イスラム版騎士団であったと言えるかもしれない。どちらも厳格な規律に生き、結婚を禁じられ、神への信仰のみに戦う信念を有していたのだから。

イェニチェリ軍団は、シパーヒーたちよりずっと巧妙に攻撃計画を練っていた。軍団は夜闇に紛れ、浮き橋を海面に浮かべると、物音一つ立てず整然と城壁に近づいた。だが、もしイェニチェリたちがもう少しでも注意深かったなら、普段なら城壁の上に見えるはずの見張り騎士が、この日だけは見当たらなかったことに思い至ったかもしれない。あまりに城壁の中が静か過ぎることに気がついた時には、全てが決していた。

払暁、イェニチェリたちは自らがロードス騎士たちの要撃陣形の只中に居ることを知り、地団太を踏んで悔しがった。騎士団総長の号令とともに、騎士団の持てる限りの砲、手投げ弾、火炎瓶がイェニチェリの上に降り注いだ。地獄を思わせる光景の後、日暮頃には、幾百もの死体が寄せる波に揺られるばかりであった。

## 病院騎士の戦い

さらにロードス騎士に有利に働いたのが、病院騎士としての騎士団の有様であった。衛生観念、清潔な飲料水と食料、そして最先端の医療機器を備えた騎士団は、劣悪で不衛生な宿営地で過ごしたイスラム兵に対し常に優位に立つことができた。

ロードス騎士たちの獅子奮迅の白兵戦や、シチリアから入港した救援船によって城内の士気は驚くほど高く保たれてきたが、それでも籠城戦においては敵と内通し苦痛を早く終わらせようとする裏切り者が出ることは常である。ロードス島においても、そうした試みが二度発覚し、その度に反逆者は怒った島民に八つ裂きにされた。特に、イスラム軍から脱出してきたドイツ人技師ゲオルグが実は二重スパイであったと判明した時、冷静な総長ドビュッソンは珍しく怒りをあらわにすると、騎士団による公開処刑を命じた。

## 辛勝

ロードス騎士団の総力を注いだ籠城戦の開戦から二ヶ月が過ぎた。

騎士団総長の幾度もの必死の呼びかけにもかかわらず、遠く離れたヨーロッパ本土から援軍が送られてくる気配は無かった。連日の砲撃による城壁の損傷は、もはや隠すべくも無かった。騎士と島民の英雄的な働きにより、崩壊したユダヤ人街地区の城壁には野戦防塁がなんとか築かれていたが、対極に位置したイタリア塔の防御はもはや限界に達していた。七月の半ば、イスラム軍の砲火が一段と強さを増し、昼夜問わず降り注ぐようになった時、城壁の中の全員が一様に覚悟を決めた。この砲火が止まれば、総攻撃が来るのだと。

総攻撃は、七月二七日に始まった。第一陣は、バシ＝バズーク（頭のおかしい者の意味）と呼ばれる非正規の歩兵に託されていた。イスラム教徒自身によって与えられた蔑称からも明らかな通り、この非正規兵は統率の取れぬ暴力的なあらくれ者集団で、略奪を目的にイスラムの旗の下に戦っていた者が多かった。バシ＝バズークの背後には督戦部隊として鞭《むち》と槌《つち》で武装した部隊が配置され、敵よりも味方を恐れさせることで、これを御した。イスラム軍にとって、バシ＝バズークなど消耗品でしかなく、その死体が防塁を埋めつくし、後ろに控える本隊への踏台となること以上の期待はなされない。そしてその本隊こそ、イェニチェリ軍団なのである。

総長ドビュッソンに戦勝記録を献上するギヨーム・コーザン（ギヨーム・コーザン『ロードス島攻防史』（1483年）より）

バシ＝バズークたちは、まるで津波のようにイタリア塔に押し寄せた。その地響きは、まるで雷鳴のようにロードス騎士たちに感じられた。必死に城壁で剣を振るう騎士たちは、敵兵の海の背後に、恐ろしいイェニチェリ軍団が舌なめずりをしながら、自らの舞台が整うその時を待っている様がはっきりと見て取れた。

とうとう、籠城戦の終わりが近づいてきた。夏の青空を背景に、イタリア塔の城壁の上、イスラムの三日月旗が次々と翻るのを島民たちは目撃した。

だがその時、騎士団総長ドビュッソンが無意識のうちに取った、騎士としての矜持による一つの行動が、この戦役の全てを変えた。

彼は僅か騎士一二騎と旗手三騎のみを率いると、大腿部に矢を受けたことをものともせず、一気にイタリア塔の城壁を駆け上がった。白銀の鎧に白十字を縫い付けたサーコートを身に纏《まと》ったこのロードス騎士団の指揮官は、騎士としての本能を発露すると、一騎で数十もの敵兵を相手に渡り合った。これを目の当たりにした騎士たちは、この時の光景を終生忘れることが無かった。満身創痍となった総長の肺をとうとうイェニチェリの槍が貫いた時、ロードス騎士団は真の意味で一つとなった。騎士たちは我先に城壁に突進すると、崩れ落ちた総長を十重二十重に囲み、自らの総長にこれ以上指一本触れさせまいと、まるで古代スパルタの兵士のように敵の海の只中で円陣を組み雄叫《おたけ》びを上げた。

この白銀につつまれた、人間離れした外見の甲冑集団の覚醒が、戦況を一変させた。戦場心理の産物であるこの不思議な出来事は、イスラム教側の記録には、突然ロードス騎士団の旗が光り輝き、キリストの神が降臨して敵を守護したと記されている。一方のキリスト教側の記録には、空に金の十字架が現れ、聖母マリアとラクダの皮に身を包んだ洗礼者聖ヨハネが降臨し、まばゆいばかりの剣を構えた天使が舞い降りたと記録されている。

どちらの記述を信ずるにせよ、バシ＝バズークは突然恐怖に駆られると、パニックの中潰走を始め、背後のイェニチェリ兵が次々とこれを斬り殺す大混乱が生じた。崩れかけの城壁から次々とイスラム兵が地上に転落する中、戦場の騒音と煙の騒乱にあって、何がパニックの引き金を引いたかなど誰も知る由もなかった。

そして信じられないことに、煙が晴れた時、ロードス騎士団は自らが勝者となっていることを知った。戦場には、三〇〇〇とも五〇〇〇とも言われるイスラム兵の死屍が累々と残されていた。六〇〇騎の騎士が、七万の兵を相手に、誰も想像し得なかった大勝利を収めていた。

## 勝者として

イスラム兵は、潰走のうちに、全軍をロードス島から撤退させた。

騎士道精神の発露を見せ城壁へと駆け上がった時、総長ドビュッソンは自らの犠牲がロードス島と騎士団とを守るとはまるで想像もしていなかったであろう。いま一つ彼が想定していなかったのは、己れが率いたロードス騎士団が、全ヨーロッパでもっとも優れた医師と病院を有する組織であったことであった。一度は戦場で心拍が止まったドビュッソンであったが、騎士たちの懸命な救命活動により、驚くべきことにその一命を取り留めたのである。

この一四八〇年の包囲戦でロードス騎士団の最大の戦果は、聖地を失って以来、じりじりと低下するばかりであったロードス騎士団の地位と名声をたちどころに回復させたことにあった。征服の父メフメト二世がロードス騎士団を相手に大敗し、壊滅的な打撃を受けたという知らせは、瞬く間に全キリスト教世界を駆け巡った。そうしてロードス騎士団は、いつしかオスマン帝国に対する希望の光となっていた。

聡明な総長ドビュッソンは、同胞の血で獲得したこの資産を最大限活用する重要性を理解していた。包囲戦により荒廃したロードス島を復興するには、とかく多額の復興資金が必要であった。彼は腹心であった騎士ギヨーム・コーザンを大使としてヨーロッパ本土に派遣すると、教皇、枢機卿、有力貴族に、包囲戦と騎士団の勇敢さ、イスラム軍の惨敗を彼自身の体験として津々浦々で語らせた。この試みは大成功した。かつてない寄進が、ヨーロッパ全土からロードス騎士団に流れ込んだ。

寄進に基づく建設ラッシュに湧くロードス島をさらにお祭り騒ぎにしたのは、なんとあのメフメト二世の末っ子バジャゼがロードス島へ保護を求めて渡ってきたというニュースであった。ロードス騎士団の不倶戴天の敵、メフメト二世の実子は、一四八一年メフメト二世没後の王位継承者争いで劣勢になるや、政敵からの暗殺を恐れてロードス島に逃げ込んだのである。確かに、イスラム教徒の暗殺者から身を守るのに、ロードス島以上に安全な場所は地球上に無かったであろう。籠城の記憶も吹き飛んだ島民たちは、この若き王子の入港を熱狂的に祝福した。あの血塗られた包囲戦から、僅か二年後のことであった。

ロードス騎士団が、征服の父メフメト二世を一敗地に塗《まみ》れさせ、それだけでなくその息子までをも服従させた事実は、キリスト教世界における騎士団の地位を絶対的なものとした。騎士団の歴史上でも疑いなくもっとも神に祝福された騎士団総長の一人であるドビュッソンは、一五〇三年に八〇歳でこの世を去った。

一五〇三年、一五一〇年にも相次いでイスラム相手に目覚ましい戦果を挙げた騎士団は、文字通りエーゲ海の覇者であった。ロードス騎士団は二世紀に亘り、エーゲ海を我らが海として航海し、勝利者として輝かしく君臨した。白十字を縫い付けた緋色のサーコートを身に纏ったロードス騎士たちは、イスラム世界で畏怖をもって語られる伝説になっていた。

# 叙説II　マルタ騎士の戒律、そして一生

キリスト教徒にとっての主、それはイエス・キリストである。しかしマルタ騎士にはいま一つの主がある。「病者と貧者」である。騎士であり、修道士であり、奉仕者であった彼らはいかなる選抜を経て入団し、訓練を受け、規律を守り、そして生活していたのだろうか？

この叙説では、騎士として、騎士団に一生を捧げるキャリアパスがもっとも確立していたロードス島・マルタ島時代（第四～九章）の騎士の一生を追うことでこれを明らかにしたい。

## マルタ騎士のキャリア

世俗を捨て騎士として騎士団に入団するという人生の一大転機は、当時一四歳前後の若さに訪れることが一般的であった。厳しい入団審査をくぐり抜け、入団式を終えた若き新任騎士は、規則によって一五歳になるとロードス島（またはマルタ島）に赴任し、一年間の修練期間を開始した。新任騎士はこの修練期間に騎士としての基礎を叩き込まれるとともに、宗教的献身と、週に一度の大病院での奉仕に励んだ。

この修練期間を終えた若者には、騎士団の大きな特色の一つである「キャラバン」と呼ばれる軍役がさらに四年間待っていた。これは、騎士団のガレー船に乗艦し、イスラム教徒を相手に実際の警備任務に従事するものである。その勤務状況は過酷で、若き騎士は一〇〇人以上の漕手奴隷がすし詰めになったガレー船の悪臭に、鼻の穴にタバコを詰めることで耐えたという。だが、この四年間に少なくとも六ヶ月を海上で過ごすことが、将来指揮官となるための最低条件とされていた。

こうして二〇歳前後で修練と軍役を終えたマルタ騎士は、二五歳までに清貧、貞潔、従順の誓いを立てた。

そうして新任騎士たちは、ようやく一人前のマルタ騎士として、騎士団内での猛烈な出世競争に邁進することになるのである。その目標は、艦隊指揮官として実力を示し、軍団内で高い地位を獲得し、騎士団の大評議会に席を得ることであった。こうして功成り名を遂げたマルタ騎士は、その現役後はヨーロッパ本土に引退し、管区を得て貴族的生活を謳歌することが出来たのである。

なお、本書では特に男性騎士が描かれているが、マルタ騎士団は女子修道院もまた有しており、ここにはデイムと呼ばれる女性騎士が所属した。彼女らは剣を取ることはなく、また騎士団内の政治に関わることもなかったが、病院で女性の巡礼者や患者の世話に活躍した。女性騎士らもまた貴族家系から出た、マルタ十字を身に纏う敬虔な騎士団員であった。こうした女子修道院は、マルタ島失陥直前にはヨーロッパ全土に一八を数えた。

## 騎士選抜

ロードス島・マルタ島時代（第四〜九章）の騎士団の騎士選抜は、貴族証明と切っても切り離せない。イタリアでは、騎士団への入団を志す全ての候補者に「四分の四」の貴族証明、即ち、祖父母の四名全員が貴族家系の出自であることの厳格な証明が求められた。この基準はフランス・スペインでは八分の八（即ち曽祖父母全員）、そしてドイツでは一六分の一六（即ち曽々祖父母全員）という厳しさであった。一族の若者の入団審査は家門総出の行事であり、入団拒否は家名への侮辱と受け取られた。

もっとも、このように排他的で貴族組織の色彩の濃いマルタ騎士団だが、騎士団誕生期（第一章）のみは例外的に開放的で水平的な組織であった。当時の三職種である騎士、騎士団付司祭、そして従士には上下が存在せず、さらに従士には貴族家系であることが求められなかったと記録される。貴族文化が強まるのは、聖地防衛時代（第二章）である。一二三〇年代には騎士が騎士団付司祭よりも上位に位置づけられるようになり、一二六二年からは全ての職種において貴族家系の入団が優先されている。そうして聖地喪失（第二章）を境に、騎士団は全ての候補者に貴族家系の出自であることを厳格に求めるようになるのである。これは、聖地喪失により財政難に陥った騎士団が、新任騎士数を絞らざるを得なくなった結果という説もある。

一五六五年以来、宗教改革の余波で異端が混入しないようにとの配慮から、入団審査はさらに厳格化した（第九・十章）。この時期の入団一次審査は次の四審査から成った。（一）候補者の人格と功績、そして血統を証言できる四名の騎士団員による推薦書。（二）貴族家系を証明するのに必要な全ての書類。（三）志願者の地元を訪問し実施される聞き取り調査。（四）志願者の親類および推薦人に対する内密の聞き取り調査。ここに無論、当人へ度重なる面接が行われたことは言うまでもない。これらが上級騎士により構成される審査団による審査を通過し、管区長の裁可があって初めて、志願者の情報は騎士団総長府に送られ最終審査にかけられた。合格率に関する統計は残されていないものの、狭き門であったことは想像に難くない。

名門貴族の家督を継がない次男以下の人生としてマルタ騎士団の人気が高まると、一七世紀には「幼年騎士」という新たな制度も作られた。これは、名門貴族の一二歳未満の幼年男子について、厳しい審査に合格した場合には幼少期からの入団を認めるものであり、騎士団内でのキャリアを若くして積めることから人気を博した。幼年騎士のもっとも競争の高いポジションは、騎士団総長の小姓であった。但し幼年騎士も、修練期間を一五歳、キャラバンを一六歳から開始する点では他の騎士と変わりが無かった。

こうした厳格な貴族証明が緩和され始めるのは、マルタ島の失陥以降（第十一章）である。特に二〇世紀以降（第十二章）、貴族証明を満たせない者が騎士として入団する割合が徐々にではあるが増え始め、一九九〇年には非貴族にも指導部に昇進する道が開かれた。そして二〇二二年（叙説Ⅳ）、遂に非貴族が騎士団総長に就任することが認められ、ここにマルタ騎士団の民主化には一つの区切りがついたと言える。

なお、現在のマルタ騎士団の入団審査も、推薦人の数が四名から二名に減るなどの違いはあるものの、大枠では先述から変わるところがない。

## 入団式

騎士団への入団式は厳粛な雰囲気の中で進められ、過度に華美な儀式が執り行われることは少なかった。

中世における入団式は、志願者への次の警告で始まった。「汝《なんじ》は、我らが威厳ある衣服を身に纏い、立派な馬に跨《また》がるのを眼にし、我らの人生を快適と誤解してはいまいか。それは大いなる誤りである。我らの人生とは、眠りを欲するその時に寝ずの夜警を行うものである」この警告を聞いてもなお志願者が入団を改めて志願した場合、その場の騎士に採決が図られ、過半数の騎士が同意することで入団式が開始された。

志願者には、他の騎士団を志願していないか、結婚していないか、借金がないか、などの質問がなされた。全ての答えが否であることが確認されたなら、志願者は聖書に手を置き、聖母マリアと洗礼者聖ヨハネの名の下で、指揮官の命に従順に生き、そして死ぬことを誓った。ここでの答えが一つでも偽りであると後に判明した場合、直ちに追放される掟であった。

管区長は志願者に対し、パンと水、そして質素な被服の提供を約束すると、騎士団の白十字が縫い付けられた騎士の象徴であるマントを志願者の肩に授与した。「この十字架を刮目《かつもく》して見よ。そしてこのマントを、我ら罪人のために十字架上で死と受難を受けられたイエスを思い起こし身に纏え。ああ神よ、この十字架と、彼が信仰と行為によって立てた従順の誓いにより、彼を守りたまえ！」

管区長のこの言葉と共に、この志願者は騎士として、二度と俗世に戻ることなく、栄えある騎士団の一員として迎え入れられたのである。

**戒律**

こうして騎士団の一員となった騎士には住まいと被服が与えられ、時代による差はあるものの、おおよそ従士一名、使用人二名、馬一頭、荷動物一頭程度が割り当てられた。騎士団における生活は、修道士としての生活でもあり、厳しい戒律が敷かれていた。

騎士団はその誕生時、修道院で当時一般に用いられていた二戒律の一つ、聖アウグスティヌス戒律を用いていた。これを基盤として騎士団独自の戒律を整備したのが第二代総長レイモン・デュ・ピュイであり（第一章、叙説I）、以下に要約する一九条の戒律が、その後長く続く騎士団の戒律の基盤となった。

第一条　入団せんとする騎士は貞潔と、指揮官の命を須《すべか》らく守ること、そして自らの財産を持たずに生活することを誓願せよ。

第二条　騎士は自らに約束されるパンと水と被服以上のものを、報酬として要求してはならない。我らが主である貧しい人々は、裸で過ごしているのだから。

第三条　司祭たちは白い衣を纏い聖体を謹《つつし》んで持ち、病人を訪ねよ。

第四条　騎士が都市や城に行く時は定められた衣服を着用し二名か三名で共に赴き、着いた後も一致し行動せよ。

第五条　聖職者と騎士とを問わず、聖地の貧者のために施しを求めて出掛けよ。

第六条　集めた施しは、抜き取ることなく全てを集計し、書面にて聖地に送付し、エルサレムの貧しい人々に引き渡すように。

第七条　指揮官が派遣する者以外、説教や集金に赴いてはならない。

第八条　明るい色の布、動物の毛皮を着ることを禁ずる。また、一日に二度以上食事をしてはならない。水曜日と土曜日、および七旬節から復活祭までは、病人や体の弱い人を除き肉を食べてはならない。

第九条　もし騎士の誰かが姦淫に陥ったならば、彼が罪を犯したその町で、日曜日のミサの後、皆の目の前で硬い棒もしくは革紐で厳しく打ち、我々の仲間から追放するように。

第一〇条　騎士が他の騎士と争った場合、その者は七日間断食し、水曜日と金曜日はパンと水のみ食べ、テーブルもナプキンもなしに地面に座って食事をしなければならない。また、故意に指揮官の許可なく指揮官の元を離れ、その後戻ってきた場合は、四〇日間地面に座って食事をし、水曜日と金曜日はパンと水のみで断食をしなければならない。

第一一条　食卓では、各自静かにパンを食べ、晩課の後は酒を飲んではならない。

第一二条　ある騎士が品行が悪く、指揮官または他の騎士から二度、三度と戒められ、従わない場合は、その罪についての始末書を携え、徒歩で聖地まで巡礼せねばならない。
第一三条　もし騎士の誰かが私有財産を有していることが発覚した場合、その金を首に巻き付け、裸でエルサレムの病院を巡らせ、他の騎士から厳しく叩かれて四〇日間懺悔《ざんげ》し、水曜日と金曜日にパンと水のみで断食させなければならない。
第一四条　従順のうちに帰天した全ての騎士のために、三〇の祈りを唱え、出席した兄弟たちはそれぞれ一デニールと一本のろうそくを捧げよ。このデニールは、貧しい人々に分け与えよ。
第一五条　本戒律は、全能の神、祝福された聖母マリア、祝福された聖ヨハネ、そして貧しい人々の名において、もっとも厳格に守るよう命じる。
第一六条　病人が訪ねて来たならば迎え入れ、まず司祭に罪を告解させ、聖なる秘跡を授け、その後ベッドに運び、そこでまるで主の如く、毎日騎士より先に食事をさせ、慈善的に食物を与えて、彼を回復させるように努めよ。
第一七条　騎士と一緒に生活して、彼が悪い行いをしている場合、まず、自ら彼を懲らしめるよう努めよ。もし彼がその道を改めることを望まないならば、その罪を書き、指揮官に報告せよ。
第一八条　騎士は、それを十分に証明することができない限り、他の騎士を非難してはならない。
第一九条　騎士は、神と聖なる十字架の名誉のために、ローブとマントに十字架を縫い付けるように。

ここには、騎士であり、修道士であり、奉仕者であった騎士たちの在り方のエッセンスが凝縮されており、当時から如何に病者と貧者が敬まわれ、そして浪費を戒められていたかが明らかである。
時代を追うにつれ大評議会での判例が積み上がり、法学的な解釈が加えられることで、戒律は慣習法規（ユザンス）として整理された。最初の明文化は一二三九年頃であり、六〇項目から成っていた。その後も整理が重ねられた慣習法規は二〇二三年現在、一七六ページを数える大典である。だがその本質だけは、レイモン・デュ・ピュイの一九条から変わっていない。

## 軍団制

野心に燃えた若き騎士は、騎士団の序列を少しでも早く駆け上がることを互いに競った。そしてその指揮系統は、キプロス島時代（第三章）に形成が始まり、ロードス島時代（第四章）に完成を見た、洗練された「軍団制」により高度に体系化されていた。

「軍団（ラング）」とは舌を意味する単語であり、文字通り、軍団とは同じ言語圏に属する騎士により編成される組織であった。各軍団は、「軍団長（ピリエ＝柱）」により指揮された。当初は五個あった軍団は、すぐにプロヴァンス軍団、オーヴェルニュ軍団、フランス軍団、アラゴン軍団、イタリア軍団、ドイツ軍団、イングランド軍団の七軍団制へと拡大した。さらに一四六二年、アラゴン軍団からカスティーリャ軍団が分離したことで、その後三〇〇年以上続く八軍団制が確立した。

カスティーリャ騎士館（現マルタ共和国首相官邸）

騎士たちは各軍団内で熾烈な競争を繰り広げたのは言うまでもなく、それ以上に軍団同士のプライドを懸けた張り合いは苛烈の一言であった。各軍団の本部は「騎士館（オーベルジュ＝宿舎）」と呼ばれ、その偉容は競うように改築ごとに壮麗さを増し、マルタ島の新首都ヴァレッタに並ぶ騎士館などはまるで宮殿かのようである。

加えて騎士団では、各軍団同士のライバル関係が騎士団としての統治を損なわないよう、枢要な八ポストを八軍団に予め割り当てるという巧緻な仕組みも合わせて整備していた。

財務総監（プロヴァンス軍団の騎士）：国庫の管理

軍務総監（オーヴェルニュ軍団の騎士）：陸上兵力の指揮管理
医務総監（フランス軍団の騎士）：病院の運営管理
需品総監（アラゴン軍団の騎士）：被服や需品の管理
艦隊総監（イタリア軍団の騎士）：騎士団艦隊の指揮管理
警務総監（イングランド軍団の騎士）：沿岸警備の指揮管理
外務総監（カスティーリャ軍団の騎士）：外交関係の統括
防衛総監（ドイツ軍団の騎士）：要塞化の推進

だが騎士団における出世の絶対的な頂点であった総長のみは、どの軍団からも選出されることが可能であり、それだけに総長選は騎士としての為人のみならず、軍団同士の思惑やヨーロッパ本土の情勢などが複雑に絡んだ政治によって左右された。結果として、ジャン・パリゾ・ド・ラ・ヴァレットのような傑物が選出されることも（第八章）、フェルディナンド・フォン・ホムペッシュのような無能な総長が選出される例も出たのである（第十章）。

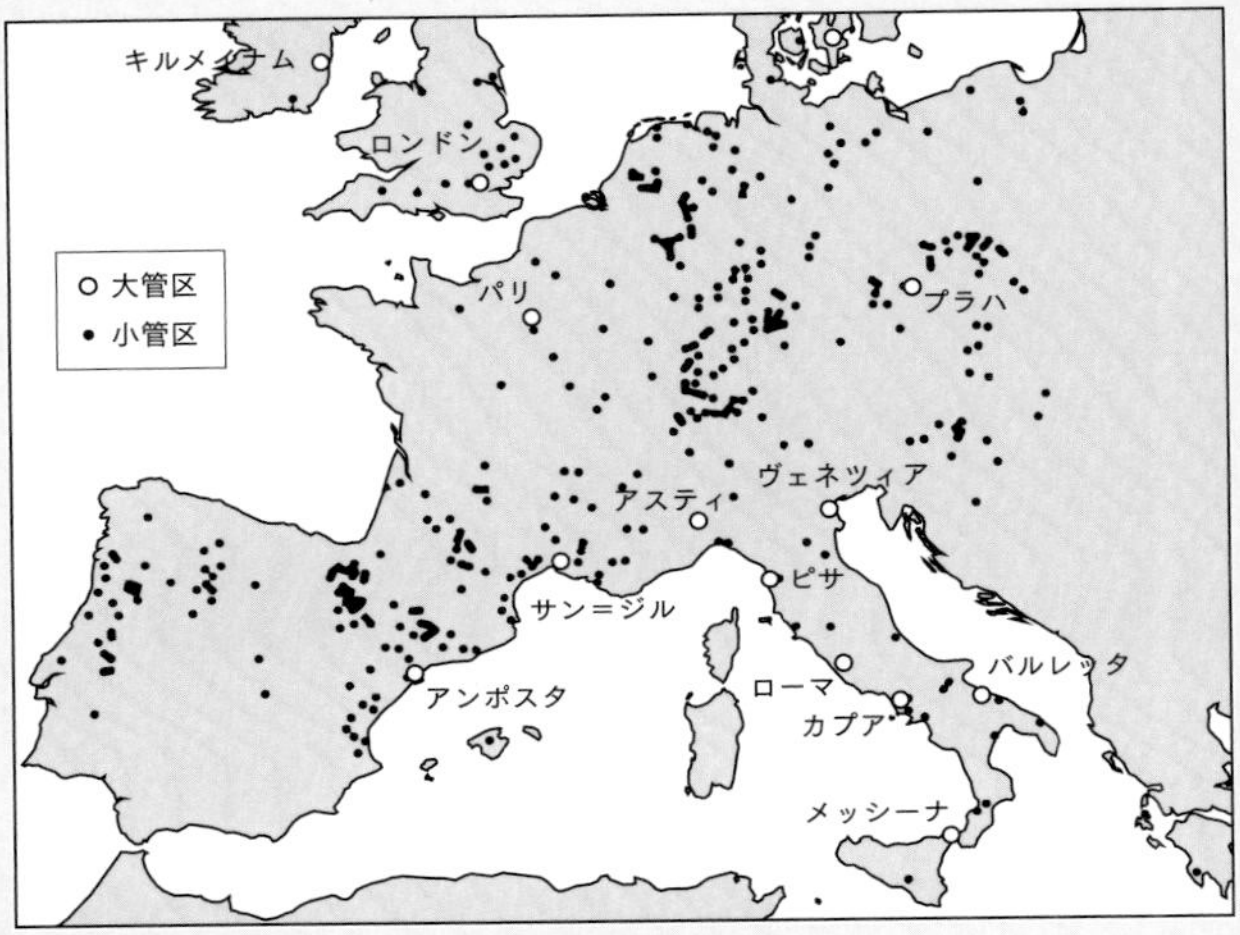

14世紀初頭におけるロードス騎士団の管区

## 管区

騎士団が主として寄進により獲得したヨーロッパ本土の広大な所領もまた、各軍団の下で大管区に分割され、その下に小管区が置かれると、それぞれの管区が管区長により統治されていた。小管区長の多くはロードス島・マルタ島の最前線で戦う将来有望な騎士であり、特に艦隊提督には三つの小管区が与えられることで、管

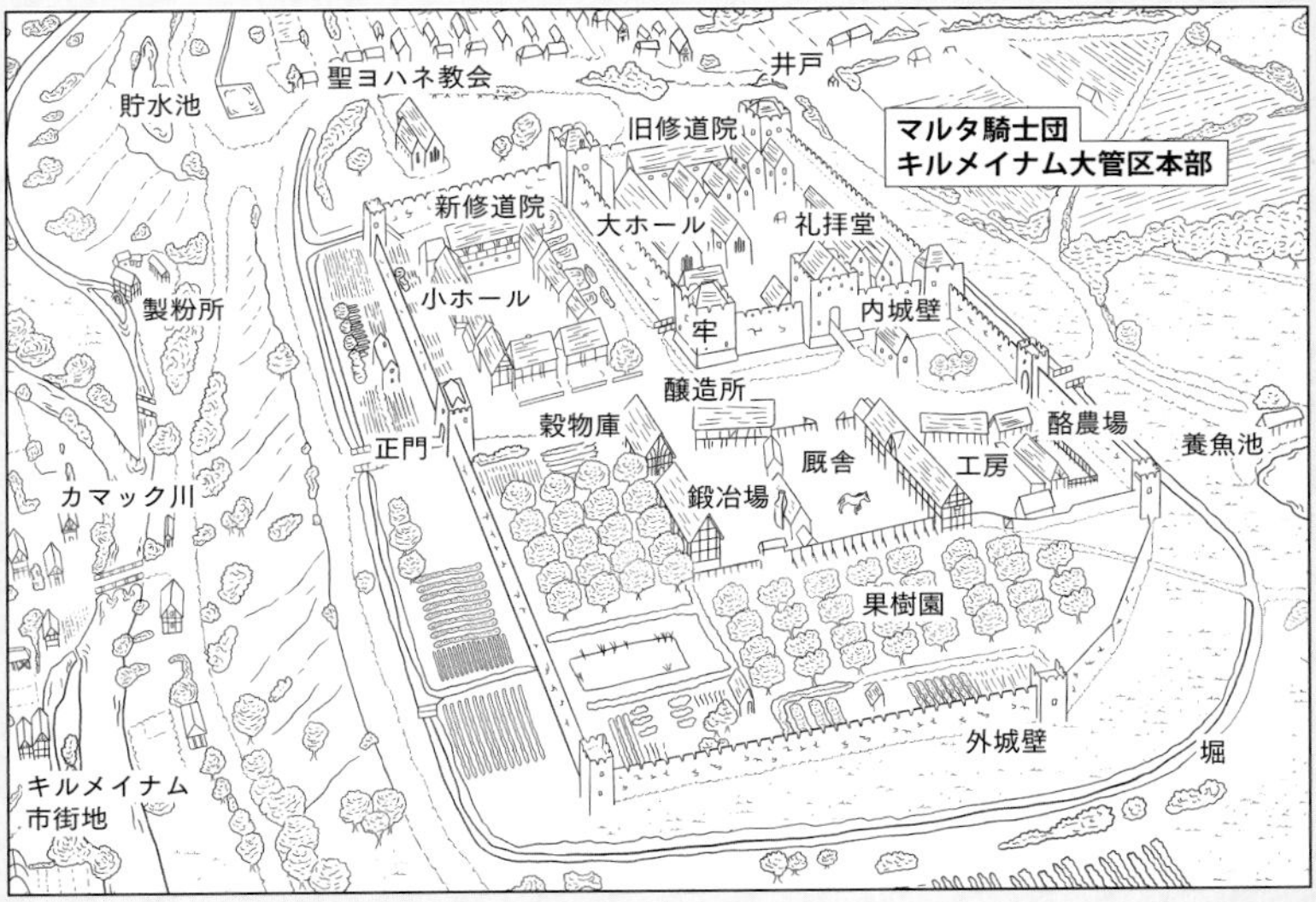


14世紀における騎士団大管区本部の例

区からの収入が彼らの日々の生活と戦闘、そして出世競争を支えた。

平和な管区での勤務とロードス島・マルタ島での勤務にはある程度の交流はあったものの、やはりキャリアの花形はロードス島・マルタ島での前線勤務であり、各軍団や騎士団総長府で出世を極めた後、大管区長としてヨーロッパ本土に引退するのが成功した騎士としての王道であった。

図に示すロードス島時代（第四章）における膨大な数の管区は、如何にマルタ騎士団が全ヨーロッパに広大な所領を有していたかを如実に物語っている。その分布を見ると、本土は勿論、果てはアイルランドからギリシアに至るまで、まさしく西ヨーロッパ世界全土にロードス騎士団の版図が広がっていたことが一目瞭然である。

なお、軍団制はマルタ島失陥とともに崩壊し（第十一章）、徐々に大管区と国家支部が両立する現体制（第十二章）へと移行した。現在もなおオーストリア国内など限られた土地については騎士団に所有権が残り、その財政を支えている。

## 規模

厳しい入団審査と戒律と競争の中にストイックに生きたマルタ騎士だが、彼ら「神に聖別された」戦士たちは、一体何名ほど存在したのだろうか。特に各軍団別の騎士数の統計が良く残されているマルタ島時代の騎士数は、その名声の絶頂期（第九章）と失陥直前期（第十章）でそれぞれ以下の通りとなっている。

| | | | |
|---|---|---|---|
| プロヴァンス軍団 | 二七二名（一六三一年） | → | 四〇一名（一七八七年） |
| オーヴェルニュ軍団 | 一四三名（一六三一年） | → | 二三三名（一七八七年） |
| フランス軍団 | 三六一名（一六三一年） | → | 四七五名（一七八七年） |
| アラゴン軍団 | 一一〇名（一六三一年） | → | 一六一名（一七九六年） |
| イタリア軍団 | 五八四名（一六三一年） | → | 六五二名（一七八九年） |
| カスティーリャ軍団 | 二三九名（一六三一年） | → | 一三五名（一七九一年） |
| ドイツ軍団 | 四六名（一六三一年） | → | 八二名（一七八五年） |
| 合計 | 一七五五名（一六三一年） | → | 二一二八名（一七九六年） |

ここには司祭と従士、使用人の人数は含まれていない。これらの数は合計でおおよそ一万前後と考えられ、二〇〇〇の騎士が、一万の侍従を従え、一〇万の島民と広大な所領を統治したのが、マルタ島失陥直前におけるマルタ騎士団という組織であった。

二〇二三年現在、マルタ騎士団は確かにもはや領土を有さない。だがその活動は福者ジェラールが想像もしなかったであろう全世界一二〇ヶ国へと広がり、一万三五〇〇名の騎士、九万名のボランティア、五万二〇〇〇名の医療従事者を数えるまでになった。

騎士団は、領土の制約から放たれたことで、真に全世界へと羽ばたいたのである。

# 歴史第六章　死闘（ロードス島・1520-1522）

## 敵手の登場

騎士団に対する積年の弱腰を、歯牙にもかけない若き英傑がイスラム世界に生まれようとしていた。オスマン帝国第一〇代皇帝にして騎士団一千年の歴史における最大最強の敵手、壮麗帝スレイマン一世である。後にイスラムの歴史上もっとも輝かしい時代を築き、地上におけるアッラーの代理人、王の王、東西世界の皇帝、この世全ての諸侯の主君と、あらゆる二つ名をほしいままにすることになるこの若者が一五二〇年に即位した時、彼はまだ二六歳の若者であった。

コンスタンティノープル・金角湾を望む自らの奢侈《しゃし》な宮殿に登楼したスレイマン一世は、テラスから海を望む度、白十字を高々と掲げたキリスト教徒たちの島がまるで眼前に見える思いであったのだろう。血気盛んな若き英傑が、皇帝としての威容を示さんがため、エーゲ海の地図からロードス騎士団という忌々しい「喉元に刺さったホネ」を消し去る決意をしたのは、即位から僅か一年後のことであった。

スレイマン一世が帝座に就くのと時を同じくして、ロードス騎士団にもまた優れた指導者が生まれたことは、この騎士団が一千年間経験してきた数々の神の恩寵《おんちょう》の一つかもしれない。冷静沈着な騎士フィリップ・ヴィリエ・ド・リラダンが一五二一年に騎士団総長に選出された時、その執務机に一番最初に届けられた親書は、スレイマン一世の署名がしたためられた次の書簡であった。

「余は要塞化されたハンガリーの都市を難なく攻め落とし、貴殿のキリスト教同胞の大半を殺害し、残りは奴隷とすることが出来た。余のもっとも大切な友人として、どうか余の勝利を一緒に喜んで頂きたい」と。これほど分かりやすい恫喝《どうかつ》の親書もないものと笑ってしまうが、これに対する総長フィリップ・ヴィリエ・ド・リラダンの返書もまた振るっていた。彼は、スレイマン一世が送ってきた刺客を返り討ちにしたことを引き合いに、「親愛なるスルタンよ、私の総長就任の歓迎に実に品のない男を送って頂いたことに感謝いたします。男は私の剣の錆となって、この手紙を書く今も私のすぐ近くに控えております」と書き出すと、この返書をこう締めくくった。「貴殿からの先の親書の意味するところにつき、よくよく諒解いたしました」

## 最後通牒

その言葉通り、ヴィリエ・ド・リラダンはその時間を一刻も無駄にすることが無かった。一四八〇年の辛勝以来、大砲の進化に伴って戦場は大いに変わっていた。新たな要塞が必要であった。それも、今すぐに。

総長は当時もっとも良く知られたイタリア人築城技術者ガブリエーレ・タディーニ・デ・マルティネンゴを雇うと、ロードス島の高く薄い城壁を、低く巨大な城壁へと生まれ変わらせた。

そうして、誰もが予期していたスレイマン一世の次なる親書を騎士団総長が受け取った時、暦は一五二二年の初夏となっていた。スルタンは、直ちにロードス島を離れれば全員の命を保証する、というお決まりの最後通牒を送った上で「もし騎士団がアッラーに帰順するなら、ロードス島の快適な滞在を今後も認めてもよいのだが」と「慈悲深く」書いていた。この低級な挑発に、総長はその眉一つ動かさなかった。従わなければ何が起こるかは、書かれずとも誰もが知っていた。だが、誰一人として降伏を唱える騎士は無かった。

## 開戦

一五二二年七月二八日、スレイマン一世の軍勢はロードス島に上陸した。たった五〇〇騎の騎士が固めるこの島を攻めるため、スルタンが集めた兵力は、二〇万であった。この一対四〇〇という前代未聞の兵力比に、誰もがスルタンがロードスを地図から消し去ろうとしていることを知った。島中を埋め尽くす敵兵の海がスレイマン一世の上陸に歓声を上げ、楽器を鳴らし、礼砲を撃ち、地響きにも似た騒音を上げる中、城壁の中の騎士たちはただ静かに神に祈りを捧げた。

ロードスの城壁に、幾千という砲丸が雨霰《あめあられ》のように降り注ぎ始めた。もし、ガブリエーレ・タディーニというヨーロッパ最高の技術者が騎士団に居なければ、城壁は瞬く間に崩壊していたことであろう。しかし城壁は、一ヶ月以上に亘り、何万という砲丸に持ちこたえ続けた。

城壁を巡る小競り合いは終わるところを知らず、イスラム側には日に日に死体が積み重なっていった。しかし、スルタンに慌てる理由など何も無かった。スルタンにとって、前線の雑兵の犠牲など何の意味も持たなかった。そして何よりスルタンは、今回の攻城戦の切り札をまだ見せて居なかった。

九月初旬、轟音《ごうおん》とともに突然城壁に一〇メートルの大穴が出現したのを認めた時、ロードス騎士たちはスルタンにしてやられたことを悟った。スルタンは今回の出兵に、数千もの鉱夫を工兵として従軍させていたのである。彼らは遥か遠くから坑道を掘り、地中を進み、城壁の直下に地雷を仕掛けるという危険な任務を帯びていた。落盤が発生し鉱夫が生き埋めになった事も一度や二度ではなかった。しかし、それもまた、スルタンに興味のある話ではなかった。その一つが成功し、遂にロードスの憎き城壁に最初の穴を明けた。それだけが、意味のあることであった。

大穴にイスラム兵が殺到し、とうとう今次の籠城で城壁に初めてイスラムの三日月旗が翻った。ロードス騎士もまた城壁に駆けつけると、止めどなく殺到する敵兵を次から次へと斬り捨てた。その乱戦には、総長も、そして技師タディーニさえ剣を抜いて参戦したという。

数時間後、遂にイスラム軍が撤退した時、イスラム兵の死体は城壁に沿って山積みになっていた。しかしロードス騎士団もまた、数多くの貴重な騎士を失っていた。

## 総攻撃の失敗

九月は、坑道を巡る攻防に費やされた。スレイマン一世が数量にものを言わせ新たな坑道を掘る度、技師タディーニによる逆探知と坑道の破壊が続いた。特に、技師が発明をした羊皮紙と鈴を用いた即席の坑道探査装置は大いにその威力を発揮し、多くの鉱夫たちをロードス島の土壌に埋めた。しかし、時たま成功する敵兵の攻撃は、ロードス騎士団の戦力と、その城壁を、じりじりと奪っていった。

九月二四日、遂にスルタンは、全兵から見える高台に自らの黄金の玉座を据えると、ロードス島が陥ちる日が到来したことを宣言した。

スレイマン一世は全軍に突撃を命令した。まずバシ＝バズークが、命を落として死体を着実に積み重ねることで後陣に道を開いた。そこにイェニチェリ軍団が突撃し、敵味方構わずその進路を邪魔する者を一刀で両断した。

遂にアラゴン砦が陥落した。ロードス島陥落は、時間の問題であるかのように思われた。

しかし前線に総長フィリップ・ヴィリエ・ド・リラダンが騎士を率いて姿を現したことで、その風向きが変わった。旗手が掲げる騎士団の総長旗を、ロードス騎士だけでなく、戦場に居る全員が目にした。総長に鼓舞されたブルボン家の騎士ジャック・ド・ブルボンがアラゴン砦を奪還すると、騎士団が大浪のようなイスラム軍を一斉に押し返す、信じ難い光景がスルタンの眼前で展開された。日が暮れた時、トルコ軍は多大な犠牲を出し、塹壕に撤退していた。面目を潰されたスルタンは怒髪天を突く様相で玉座を蹴ると、自らの天幕の奥深くに引いていった。

### 裏切り

籠城に耐える騎士団をさらに揺さぶったのは、スルタンでなく、身内であった。

発端は、あるポルトガル人従士が、城壁越しに敵陣に通信文を発している現場を押さえられたことであった。彼は、騎士団の状態が絶望的であり、イスラム軍があと少し包囲を続けさえすればロードスは陥落するという情報を敵に流していた。

内通は、明らかであった。しかし、大いなる波乱を巻き起こしたのは、拷問にかけられたこの従士が発した次の一言であった。彼は、今回の内通が、自らの主人であり、ポルトガル軍団長としてロードス騎士団の将の地位にあったアンドレア・ド・アマラルその人の指示によるものだったと明らかにしたのである。

今日でも、この内通劇の真相は、歴史家の論争の種となっている。アマラルは本当に謀反《むほん》など大それた企てを計画していたのだろうか？　苦し紛れに出た単なる従士の嘘だったのではないか？　ただ記録として確かなのは、アンドレア・ド・アマラルは、自らこそが騎士団総長に相応しい人物であると常に豪語し、フィリップ・ヴィリエ・ド・リラダンを毛嫌いしていた、傲慢で、極めて不人気な人物であったということである。

さらに、「リラダンはロードス騎士団最後の総長になるだろう」とアマラルが予言したことを聞いたという証人まで現れた。彼自身は、度重なる拷問にもかかわらず、最後まで裏切りを自白することはなかった。彼は処刑場に引き立てられても、「全くもって、城壁外のイスラム軍だけでなく、内側に巣食う、権力欲に塗れた、我らが騎士団でもっとも高位にある人物とも個人的な戦いをせねばならぬとは」と吐き捨て最後までその傲慢な態度を貫くと、処刑された。

## 騎士道精神

相も変わらずロードス騎士団は、今回の戦いでも孤軍奮闘であった。全く呆れる他ないが、ヨーロッパ本土は内紛に忙しく援軍派兵に興味も示さず、イギリスのヘンリー八世など騎士団の消滅を見越してその財産接収の算段をつけ始める有様であった。何度戦場で敗れようと、イスラム側には犠牲を出す余裕があった。騎士団には、それがなかった。既に二〇〇騎の騎士が戦死し、さらに二〇〇騎が重傷を負った騎士団には、戦闘組織としての限界が近づいていた。

故にロードス騎士がそこから三ヶ月にも亘り、人海戦術による果てしない攻城戦に耐えたことは、それ自体が称賛に値しよう。かつて美しい要塞都市であったロードスは、今や見る影もない廃墟と化していた。もはや騎士団には、満足に歩ける騎士さえも少なくなっていた。総長フィリップ・ヴィリエ・ド・リラダンは、古の十字軍精神を固持し、イスラムに降伏するくらいであれば一人残らず騎士団として戦死するという方針を崩そうとしなかった。だが、とうに限界を超えていた島民たちの度重なる反乱によって、それも難しくなっていた。

最後の契機が訪れたのは、一二月二四日であった。スレイマン一世が、キリストの降誕祭という異教文化を果たして理解していたかは定かでない。しかしスルタンはこの日、騎士団の見せた驚くべき抵抗に偽りない賛辞を贈ると、武器を帯びた名誉あるロードス島からの撤退というクリスマス・プレゼントをロードス騎士団に提案した。

二六日、総長フィリップ・ヴィリエ・ド・リラダンは一人城壁を後にすると、スレイマン一世の元に出向いた。スルタンは敗軍の将を決して貶《おと》しめることなく、礼節をもって丁重にこれを接遇した。総長リラダンが遂に降伏宣言に署名した時、スルタンは傍らの宰相に「この勇敢なる老人を故郷から強制的に引き離さねばならぬとは、なんとも悲しいことだ」と漏らしたという。騎士道精神は、形こそ異なれど、十字架の旗の下にも三日月の旗の下にも等しく流れていた。

こうして騎士団は、再び、その家を失った。二世紀以上統治した変わり果てたロードスの都に、新たな統治者であるスルタンの旗が翻るのを見た時、騎士たちの心は敗北感よりも空虚感に満たされたことだろう。

ロードス島失陥の一報を聞いたスペイン王カール（カルロス）五世は、一言「ロードス島ほど威厳を保ち失われたものが歴史にあろうか」とつぶやいたと伝わっている。事実、五〇〇騎の騎士が、二〇万の兵を相手に半年もの壮絶な籠城を耐えたという知らせは、敗北よりも、失われつつあった騎士道の息吹をヨーロッパの人々に感じさせていた。

スレイマン一世は自らの誓約を兵の一人に至るまで遵守させ、ボロ布を身に纏いつつも剣を帯び精一杯の威厳を保ち島から撤退していく騎士団に、指一本触れさせることはなかった。何世紀にも亘り収集されてきた聖遺物もまた、搬出が許された。搬出が許されなかったのは大砲のみであったということから、スレイマン一世の高潔な人柄が窺《うかが》える。

そしてスレイマン一世は、この若さゆえの青臭い過ちを終生後悔することになるのである。

# 歴史第七章　家（マルタ島・1523-1564）

## 新たな敵地

一五二三年の新年を、騎士たちは行く当てもなく彷徨《さまよ》う漂流船の上で迎えた。海峡を隔てたカリア山脈の峰が一面美しく冠雪する、二〇〇年間見慣れたその冬の風物詩を背に、彼らは進路を西に取った。やがてその逃避先は、シチリア島と決められた。騎士団はその歴史で初めて、全面的に敵の勢力圏を離れ、ヨーロッパ本土に戻ってきたのであった。

しかし、帰ってきたキリスト教世界もまた、彼らの見知った母国ではなくなっていた。一五二三年四月にメッシーナに帰着した騎士団を迎えたのは、風向きのすっかり変わった見知らぬヨーロッパであった。ルネサンス、新思想、ナショナリズム……これこそがヨーロッパの社会を支配する新たな価値観であった。

騎士団は、その仮の住まいをローマの北に位置するヴィテルボと、フランスのニースの二ヶ所に定めた。しかし、甲冑に身を固め、白十字を縫い付けたローブに身を包み、修道士としての規律を保ち行動する彼らは、もはや明らかに社会に馴染まない存在となっていた。「騎士団は中世の遺物である」――そんなささやきが、カトリック教会のお膝元であるローマですら公然と交わされた。

ヨーロッパは既に、安心できる家ではなかったのかもしれない。そこもまた、騎士団にとっては新たな敵地であった。

## 宗教改革

何より根源的に騎士団を揺さぶったのは、彼らがその全ての拠り所としていたカトリック教会そのものに生じていた大きな亀裂であった。それは、宗教改革という名のキリスト教の大分裂であった。

宗教改革とは、一五一五年の教皇レオ一〇世による悪名高い贖宥状《しょくゆうじょう》（免罪符）の販売と、それを批判するマルティン・ルターの九五ヶ条の提題提出（一五一七年）に端を発する、キリスト教の改革運動である。カトリック教会の腐敗の批判を主軸として展開したこの運動は、当時の新発明である活版印刷技術もあって瞬く間にその火の手が上がり、ドイツ、スイス、イングランド、スウェーデン、デンマーク＝ノルウェーと、ドミノ倒しのようにヨーロッパ全土に広まった。

騎士団がエーゲ海から叩き出されたまさにその時に火がついてしまったことは、騎士団にとっては全く不幸な偶然と言うほかなかった。

この改革運動は、ローマ教皇とカトリック教会に従属しない「プロテスタント」という新たなキリスト教徒を生むことになる。それは、自国の富がローマへと流れることを良しとしない各国の、ナショナリズムの宗教的な表現でもあった。

騎士団が古くからヨーロッパ全土にその管区を有してきたことは先に述べた通りだが、そこにはドイツ、スウェーデンなど宗教改革の影響がもっとも著しい地域も含まれていた。こうした地域に所属する騎士が、時流を受けて次々とプロテスタントに改宗したことは、避けられない流れであった。もし、騎士団が中東の地で単身イスラム教徒と戦場で立ち回っていたあの頃であれば、その求心力も違っていたかもしれない。しかし、ロードス島を失陥し、弱り切っていた騎士団に、宗教改革による内部分裂を繋ぎ止める力は残されていなかった。

　当初は騎士団も、プロテスタントに改宗した騎士たちが騎士団内に留まれるよう様々な努力を試みた。だがプロテスタントに改宗した軍団長が大評議会を無断欠席するに至り、プロテスタント騎士たちの一斉追放が決定された。

　こうして騎士団は、ブランデンブルグ大管区という、かつてはドイツ軍団の中核を成していた重要な管区と、その多くの優秀な騎士たちを宗教改革で失った。

## 家探し

ヨーロッパ本土で宗教改革が吹き荒れる中、騎士団もただ頭《こうべ》を垂れて嵐が過ぎ去るのを待っていたわけでは無かった。ロードス攻防戦を生き残った総長フィリップ・ヴィリエ・ド・リラダンの存在が、騎士たちの団結の精神的支柱となった。

　総長リラダンは、騎士団の存続のため、足を棒にして、日々ひたすらヨーロッパ各国の宮廷を行脚した。総長は、イスラム教徒への雪辱を果たす足掛かりとなる新たな家が得られるのならば、シチリア島、コルシカ島、サルデーニャ島、さらにはエルバ島など、可能性のある全ての土地について、獲得のための外交努力を重ねた。

　だが、君主たちは皆、冷淡であった。騎士団は武力をイスラム教徒にのみ向けると言っているが、気づけばその艦隊の進路が自らの国に差し向けられていることが本当に無いと言えるだろうか？　君主たちの心を占めたのは、そんな狭隘《きょうあい》な猜疑心であった。イギリスのヘンリー八世など、己れの政治的闘争が激しくなると、騎士団の財力に目がくらみ英国内の騎士団の全財産を没収しようと企む次第であった。

その陰謀が実を結ぶ前に、総長が次なる家を得たことは、実に幸運であったと言えよう。その次なる家とは、シチリア島から南に約一〇〇キロとほど近い地中海に浮かぶ島、マルタ島であった。

実はマルタ島を騎士団が考慮したのはこれが初めてではなかった。数年前にも教皇庁から内々の打診があったのだが、しかしこの時は、フランス軍団の騎士たちによる猛反対に遭い、結局はこの提案を断っている。

この時のフランス騎士によるマルタ島の寸評は実に酷いものである。

「マルタ島は島というが、実施は長さ六、七哩《マイル》、幅三、四哩のトゥファと呼ばれる柔らかい砂岩（訳注：実際は石灰岩）の岩であり、その表面が三、四フィートの土でやっと覆われているに過ぎない。地表は岩だらけで、トウモロコシなど穀物の栽培にはもっとも不向きである。……水道はもちろん、井戸もないため、住民は貯水池に雨水を溜めている。木材は非常に貴重であり住民はこれを売りに出す。そのため彼らは、日干しした牛糞かアザミを燃やして調理に使うしかない有様である」

これを執筆したフランス騎士たちの頭を占めていたのは、優雅で騎士道の香るあの街並み、美しいブドウ畑、蝶の飛び交う渓谷など、エーゲ海の宝石と呼ばれたロードス島の風景であったのだろう。ワインも作れない土地を新たな家と呼ぶなど、私たちには考えられない！　そんなフランス騎士たちの悲鳴が聞こえて来そうである。

だが、そんなノスタルジアに浸っていられるほど情勢が甘くないことは、総長リラダンが一番良く理解していた。騎士団は一日も早く、イスラム教徒への橋頭堡《ほ》となる新たな家を海上に確保せねばならなかった。そうせねば、十字軍の時代より存続する、このキリストの戦士という高邁な集団が、世俗の勢力に蝕《むしば》まれ早晩瓦解するであろうことは、宮廷で日々貴族と接していた総長には火を見るより明らかであった。

騎士たちのマルタ島に対する見方が決定的に変わったのは、その海岸線を眼にした時であった。確かにマルタ島の首都イムディーナは、首都としてはあまりに空き家が多く、みすぼらしいものだった。しかし一方でその海岸は多くの岬、湾、入り江を備え、特に島の東に位置する二つの港は眼を見張るほど好条件であり、どんな大型の騎士団の軍艦でも収容できることが明らかであった。

騎士団は、そこに磨けば光る新たな真珠を見た。都市と文明は、また時間を注いで作り出せば良かった。だが地形だけは、神による天然の造形に頼るしかないのだから。

## 逆風の上陸

一五三〇年、騎士団はマルタ島の統治者であるカール五世（神聖ローマ皇帝、スペイン王、およびハプスブルクのオーストリア＝ハンガリーの国王）に大使を派遣し、この島を騎士団に与えるよう寛大に考慮することを要請した。ロードス島で死闘を演じた騎士団への敬意が好意的に作用したのだろうか。それとも、自らの領土たるシチリア島のすぐ先にこの騎士団という戦力があることが、トルコや北アフリカ沿岸の海賊に対する防衛として自己の利益に適うという結論に達したのだろうか。いずれにしても、カール五世は、年間たった一羽の鷹《たか》を献上するという名目上の賃貸料と引き換えに、マルタ島を騎士団に与えることに同意した。

こうして騎士団は、七年間の漂浪生活を経て、ようやく新たな拠点を得たのであった。その年の秋、

騎士団総長リダランのマルタ島上陸（R・T・ベルトン画（19世紀）、ヴェルサイユ宮殿収蔵）

騎士団は地中海に浮かぶマルタ島というこの新しい家に上陸した。

第一印象は、どうやら騎士たちの想像をさらに下回っていたらしい。フランス騎士たちの手による酷評は騎士たちも皆知るところであったが、夏が終わり、一面乾いた石灰岩のマルタ島の地表は、下馬評より不毛さを一層引き立たせた印象を与えた。

悪いことに、騎士団を歓迎していなかったのは気候だけではなかった。マルタ島の一万二〇〇〇の住民は主としてアラビア語を話し、読み書きもあまり出来なかったものの、政治的な自由だけは認められていた。彼らは、高圧的な騎士たちがある日上陸し、自らの政治的自由が突然終わりを告げたことに不快感を隠そうとしなかった。

歴史を振り返って考えれば、騎士団の誕生した聖都エルサレムもまた、敵地である不毛なユダヤ砂漠に浮かぶ都市であった。そしてその聖地を中心に華やかな十字軍国家群が建国されたように、この不毛のマルタ島にも、やがて人々が「金のマルタ、銀のマルタ、白金のマルタ」と称するまでになる、地上の富と芸術の粋を集めた時代が訪れることになる。

だが、まるで騎士団の上陸を拒絶するかのように乾ききった一五三〇年のマルタ島からは、まだその片鱗《へんりん》も窺うことは出来ない。控えめに言っても、そこはロードス島では無かった。騎士団は虚勢を張るかのように、華やかな軍装を誇示し、ファンファーレを鳴らしながら上陸した。

グランド・ハーバーから望む聖アンジェロ砦（左）、ビルグ（中）とセングレア（右）

## マルタ騎士団の出帆

こうして、「マルタ騎士団」は出帆した。この海の騎士団の、エルサレム、ロードス島に続く三度目となる船出は、逆風であった。

マルタ騎士団が最初に着手した事業は、ごく自然なことながら、ロードスに代わる新たな要塞都市の建設であった。新首都ビルグは、後にグランドハーバーと呼ばれる天然の良港に突き出た半島に建設されることが決まった。

特にマルタ島での建設が進展したのは、一五三六年から一五五三年まで在位した第四七代総長ファン・デ・ホメデスの治世下であった。マルタ島の防衛体制を憂慮したカール五世によって派遣されたイタリア人軍事技術者アントニオ・フェラモリノの卓越した知見もあり、ビルグの防衛は飛躍的に強化された。半島の先端に位置した古来からの砦《とりで》は、立派な防壁を有する聖アンジェロ砦へと改築され、グランドハーバーを望む高台には星型要塞であるセングレア要塞が新たに構築された。

この建設工事を進める過程で、騎士団は、マルタの土地と人に天性の石工《いしく》としての才があることを発見した。不毛であると嫌っていた石灰岩は、大砲の弾丸への防備に極めて適した素晴らしい石材であることが判明した。加えて木造建築が困難であったマルタ島には、長い時をかけて世界でももっとも優れた石工が育っていた。

すなわちマルタ島は、天然の軍港を有し、防壁に最適な石材を豊富に産し、優れた石工を多く抱える、騎士団の本拠地としてこれ以上ない天地人の備わった地であることを、ようやく騎士団は理解したのであった。騎士団の目から、うろこが落ちた瞬間であった。

## 海上警察として

アントニオ・フェラモリノがマルタ島を歩き回りながら次から次へと新たな要塞の構想を考案する一方で、先立つものがなければその優れた構想も具現化しないことが、総長ホメデスの一番の悩みのタネであった。そこで総長は、騎士団が長年生業《なりわい》としてきた、もう一つの業務も再開することを決めたのである。イスラムの商船に対する「正義の海賊」であった。

もっとも、マルタ騎士団の行いを単純に海賊と呼ぶことは、少しばかり騎士団に不公平であろう。当時の地中海は、文字通りイスラムの恐怖によって支配されていたのだから。北アフリカに拠点を置いたバルバリー海賊と呼ばれる私掠集団は、海岸部の地理に良く精通し、昼も夜もお構いなしに町に襲来するとこれを略奪し、男、女、子供、乳飲み子に関係なく手当たり次第キリスト教徒を奴隷として売り飛ばした。ヨーロッパ沿岸部の住民は例外なくこの私掠船の脅威に常に怯え、一九世紀までに奴隷の身とされたヨーロッパ人の総数は一説には一〇〇万人に及ぶとも推計されている。

マルタ騎士団は、このイスラム教徒に制された海にあって、航行するイスラム船舶にゲリラ的に一撃を与えることで、その活動を萎縮させ、無法地帯と化していた海に法と秩序をもたらすことを自らの任務とした。マルタ騎士団にとって幸運だったことに、しばらくの間攻撃に晒《さら》されてこなかったイスラム商船は、突如地平線から鷹のように現れる騎士団の艦隊に無防備であった。マルタ騎士団がその艦隊の中核とした当時の地中海世界における最大の軍艦グレート・キャラックは、瞬く間にイスラム船員の恐怖の的となった。

このマルタ騎士団艦艇の再出現により、長らくイスラムの海であった地中海が、もは安全ではないことをイスラム教徒たちは悟らざるを得なかった。その意味で、マルタ騎士団の戦略は、海賊行為であるだけでなく、海上警察とでも言うべき抑止効果を地中海にもたらした。もっとも、その過程で大いに潤う懐と、結果として捗る数々の建設事業が、騎士団にとっては同じくらい重要であったことは否定出来ないが。

住民の冷たい視線と、不毛なマルタの大地は如何《いかん》ともし難かったものの、こうしてマルタ騎士団はまたも灰燼《かいじん》の中から蘇り、ロードス島の失陥からたった一世代で輝く石灰岩の城塞を再び地中海に現していた。地中海のイスラム商船からもたらされる戦利品は日々増えるばかりであり、瞬く間にマルタ島は財宝で埋め尽くされていった。

それを腸《はらわた》の煮えくり返るような思いで見ていた人間が一人、遠くコンスタンティノープルの地に君臨していた。ロードス島で弱りきっていた騎士団に、敗者への情けの一心で撤退を許したスレイマン一世であった。「余がすでに征服し、四三年前のロードス島での余の慈悲によってのみ助かった犬の息子たち」が、いつしか狼となって自らの海に舞い戻り、自らの富と、そして自らの民を食い物にする様は、はっきり言って不愉快以外の何物でもなかった。

その不快感が、恩知らずの騎士団に対するものか、それとも青臭い昔の自分に対するものか、それは彼自身にも判然としなかった。ただ一つ確かなのは、自分は必ず騎士団と再戦するということであった。そしてスレイマン一世は、再び相まみえた時、騎士団をひとり残らず根絶やしにすることを固く胸に誓っていた。

# 歴史第八章　大包囲（マルタ島・1564-1565）

## 不屈の総長

こうして本書の主人公であるマルタ騎士団が、マルタ島という家を獲得し、ようやく現代へと連なるその名称を得た時、既に一〇四八年の病院創設から数えて五〇〇年という気の遠くなるような年月が過ぎ去っていた。ヨーロッパ文明史の起点をミケーネ文明崩壊後のギリシア文明に置いた場合、このマルタ騎士団という俳優は、ヨーロッパ文明という長い舞台の五分の一にも当たる期間を、降板することもなく常に演じ続けてきたことになる。

それでもなお、マルタ騎士団の歴史を叙述する本書の試みは、ようやく折返しに差し掛かったに過ぎない。聖地での危険な医療活動、数え切れない十字軍での武勲と辛酸、聖地喪失とキプロス島での再出発、ロードス島での二度に亘る包囲戦と、幾度と無く死線を越えてきたマルタ騎士団。その歴史で最大の危機が、訪れようとしていた。一千年に迫るマルタ騎士団の歴史における最大の事件、スレイマン一世によるマルタ大包囲戦であった。

この難局にあって騎士団は、またもその危機管理能力を発揮し、類まれな指導者をその総長に据えることに成功している。不屈の武闘派総長、ジャン・パリゾ・ド・ラ・ヴァレットである。

ジャン・パリゾ・ド・ラ・ヴァレットは、十字軍に代々騎士を輩出した由緒正しきフランス貴族家に一四九四年に生を享けた。若くして騎士団に入団すると、南フランスの華やかなる宮廷生活を離れ、残りの人生で二度と南フランスの地を踏むことがなかった。「彼は眉目秀麗で、イタリア語、スペイン語、ギリシア語、アラビア語、トルコ語など多数の言語を流暢に操る」とブラントム修道院長に評されたヴァレットであったが、その信仰心は敬虔の一言で、戦場では一歩たりとも退くことがなかったと伝わる。どうやら彼には、十字軍に従軍した、先祖の「青い血」〔貴族の生まれを指した表現〕が脈々と流れていたらしい。

ヴァレットは二八歳でロードス包囲戦に参戦すると、辛くも終戦まで生存している。そして、騎士団が本拠をマルタ島に移した後も常に最前線に立ち続けた。その証拠に、彼には四七歳でバルバリー海賊の捕虜となり、丸一年もの間、奴隷としてガレー船で鎖に繋がれ酷使されていた記録が残されている。キリスト教側との大規模な捕虜交換によって幸運にも再び自由の身となったヴァレットであったが、彼は何にも怯《ひる》むことなく、一五四六年にトリポリ総督〔トリポリは、マルタ島に続いて一五三〇年、カール五世から授けられたが、一五六一年、イスラム軍に奪取された〕、一五五四年にマルタ艦隊提督の座に就く以前にも増して前線で戦っている。ヴァレットこそ、マルタ騎士団の不屈の闘志を体現する騎士の中の騎士であった。

スルタンの攻撃がいつあってもおかしくないという不穏な空気が常に漂っていたこの時代、ヴァレットが総長に選出されたのは、自然な流れであったのかもしれない。総長の座に就いた時、この武闘派総長は六三歳になっていた。

ヴァレットが全身を傷で埋め尽くさんばかりに戦っていたその時、コンスタンティノープルの宮廷で甘い香りに包まれながら戦いを指揮してきたスレイマン一世も、既に七〇歳になっていた。若き頃ロードス島で一戦を交えた宿命の両雄が、人生の威厳ある締めくくりをかけ、再び相まみえるその時が迫っていた。

## 大艦隊

「敵艦隊見ゆ」

半年に及ぶ籠城戦の始まりを告げる嚆矢《こうし》を、聖エルモ砦で偵察の任務に当たっていた騎士から総長ヴァレットが受けたのは、一五六五年五月一八日のことであった。その艦隊は二〇〇隻を超えていた。そして、その大艦隊の足元には、略奪のおこぼれにありつこうと、血に飢えた獰猛なハイエナのような海賊たちの小舟が無数に群がっていた。それはまるで、一つの生き物のように、マルタ島を捕食しようと蠢《うごめ》いていた。

この大海を不気味に覆う大艦隊は、その腹を広大なオスマン帝国全土から集められた四万を数えるもっとも優れた軍人と船員で満たしていた。中でも、ひときわ豪奢な宝石を身に纏い、苦い顔を崩さない老人がいた。オスマン帝国軍司令官、ララ・ムスタファ・パシャである。パシャは、若かりし頃従軍したロードス包囲戦において、騎士団に気押され退却した苦々しい記憶を持っていた。再戦に燃えていたのは、スレイマン一世とヴァレットだけではなかった。若い頃に傷つけられたプライドを、六五歳になっていたこの軍人もまた、この一戦で癒そうとしていた。

そして騎士団にとって不運なことに、司令官には「史上最強の海賊戦士」「地中海の無冠の王」といった数々の異名で知られた当時もっとも悪名高く残酷な海賊ドラグートや、スルタンの娘壻《むすめむこ》で歴戦を誇るピヤーレ・パシャなども参戦していた。

このオスマン帝国の誇る傑物たちが全て、たった長さ三〇キロにも満たない小さな島に投入されたのである。スルタンの本気は、誰の目にも明らかであった。敵は四万、一方迎え撃つマルタ騎士団は、従士を数に入れても僅か五〇〇に過ぎない。そこに援軍であるスペイン兵九〇〇と、イタリア兵八〇〇、そしてマルタ島住民義勇兵三〇〇〇を足したものが、迎え撃つ防衛軍の全てであった。

聖書のダヴィデとゴリアテの戦いを引き合いに出すまでもなく、勝利には、奇跡が必要であった。前回のロードス島でのスレイマン一世との戦いは、二〇〇年の要塞化の後に訪れた。マルタ島では、それが三〇年しかなかった。

だが新約聖書にはこうある。「貧しい人々は、幸いである。神の国はあなたがたのものである（ルカ、六・二〇、日本聖書協会 新共同訳）」と。これが、マルタ島において現実となった。不幸であったが故に、マルタ騎士団にはロードス島時代には無かった二つの幸運が存在したのである。

一つは、マルタ島が不毛であった点である。ロードス島では、上陸したスルタンの軍勢が、肥沃な大地に支えられ、その大軍を養う食料と水を現地調達可能であった。しかしマルタ島には、そのどちらも無かった。水源が乏しく、穀物のほとんど生えないマルタでは、包囲軍は全ての兵糧を遥か東方から海路で運ばねばならなかった。さらに調理用の薪や、塹壕構築用の木材、そして帆や天幕の材料など、戦争に必要なあらゆる物資がマルタにはなかった。まさに、「貧しい人々は、幸い」であった。平時に騎士たちを大いに困らせたマルタの苛酷な気候が、今度は侵略者に牙をむく番であった。

いま一つの不幸中の幸いが、総長ヴァレットが、負けを知っていたことである。ロードス島における壊滅的な負け戦の経験こそ、ヴァレットの最大の財産であった。精神的にも、そして戦術的にも、この経験が計り知れない優位をマルタ騎士団にもたらすことになる。

## グランドハーバーという城塞

こうしてマルタ島に取り付いたイスラム艦隊という捕食生物が、湾に分散した四つの拠点のいずれを攻略すべきか、その判断をする頭脳を持たなかったことが騎士団に幸いした。

軍事技術者アントニオ・フェラモリノの構想は、敵襲時にはグランドハーバーの入り口を鎖で閉鎖し湾全体を城塞としつつ、それを僅か数百騎の騎士で維持できるよう、選択と集中によって要所を徹底して要塞化することにあった。湾一つにロードスという城塞都市一つのみが存在したロードス島とは異なり、グランドハーバーには聖エルモ砦、聖アンジェロ砦、首都ビルグ、そしてセングレア要塞と、四つの要塞が分散して築かれていた。その連携こそ、このマルタ大包囲戦における騎士団の最大の武器なのであった。

もし彼らが、その圧倒的な物量に物を言わせて始めから首都ビルグだけをピンポイントで攻撃していたとしたら、この籠城は一瞬で終止符が打たれていたことであろう。だが現実には、彼らは手当たり次第とでも言うしかない出鱈目《でたらめ》な順序で、これらの攻略を試みた

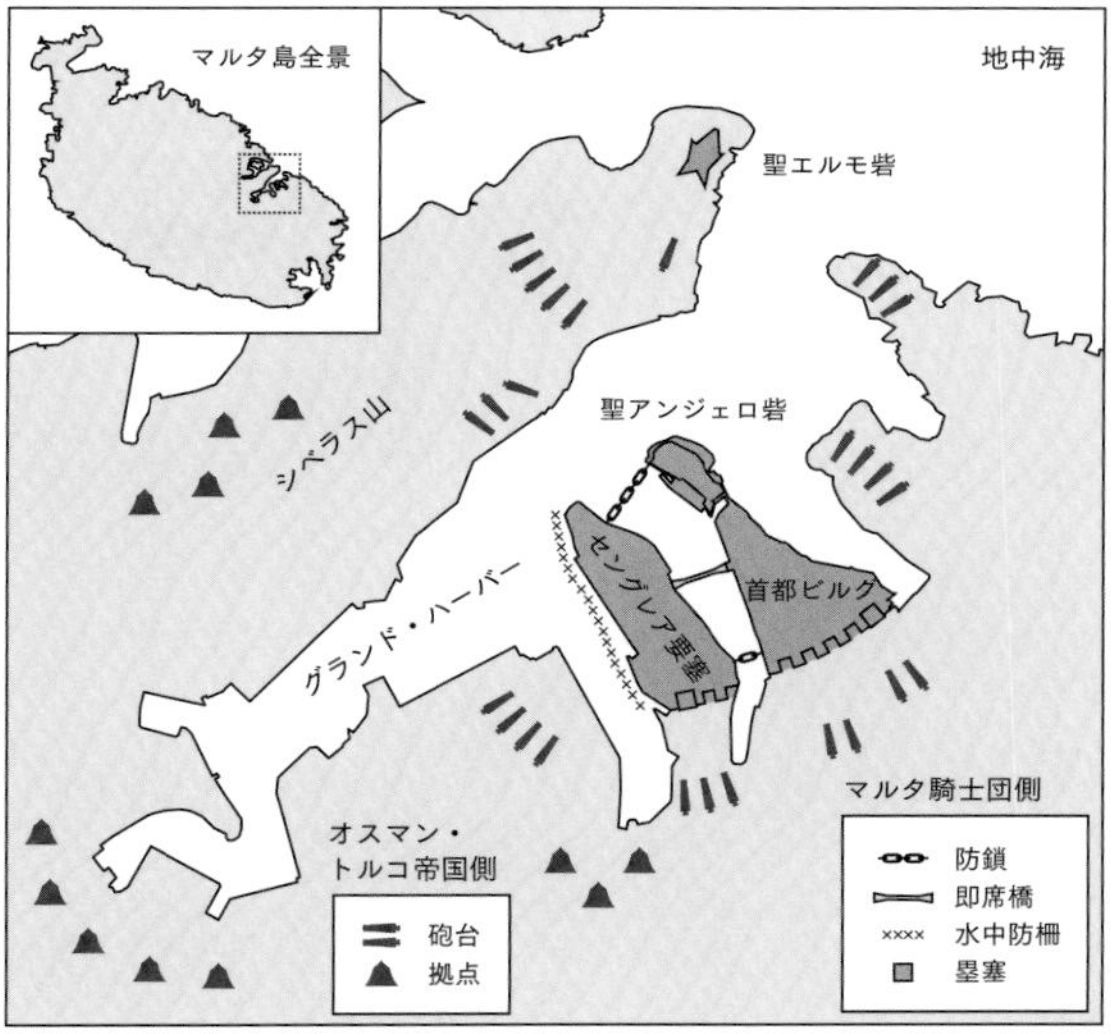

マルタ大包囲戦におけるマルタ騎士団とオスマン・トルコ帝国の配置（灰色部が騎士団拠点）

マルタ大包囲戦（イグナチオ・ダンティ画（16世紀）、ヴァチカン美術館収蔵）

のである。

聖エルモ砦、聖アンジェロ砦、首都ビルグ、そしてセングレア要塞、その中でもっとも防衛が強固であったのが、カスティーリャ軍団の守る首都ビルグの防壁であった。そしてイスラム教徒はまさにこのポイントを、最初の攻略対象に選んだ。これは、アドリアン・ド・ラ・リヴィエールという名のフランス騎士が、俘虜《ふりょ》の身となり拷問にかけられながら「防衛線の弱点はカスティーリャ軍団である」という偽情報を決死の覚悟でムスタファ・パシャに提供したことによって実現した。このイスラム司令官が謀《はか》られたことを知ったのは、最初の突撃によりたった一晩で自らのもっとも優秀な部下数百人が帰らぬ者となった後での事であった。リヴィエールは、怒り狂ったイスラム兵たちにより殴り殺された。この勇敢な騎士の自己犠牲が、籠城の緒戦における重要な勝利を騎士団にもたらした。

首都ビルグ防壁攻略が無残な失敗に終わると、イスラム司令官たちは慌てて軍議を開き、次にどの拠点を攻撃するか侃々諤々《かんかんがくがく》の話し合いをした。この軍議の主導権はスルタンの親類の若きピヤーレ・パシャが握ることになる。彼は、義父から預かった神聖なる大艦隊を、傷つけず義父の元にお返しするというその一念だけで頭が一杯であった。スルタンの神聖なる艦隊に大砲が降り注がないよう、まずは海に突き出た聖エルモ砦を攻略すべし、と唱えたピヤーレ・パシャの提案が、なし崩し的に承認された。

聖アンジェロ砦

## 聖エルモ砦攻城戦

聖エルモ砦はグランドハーバーの入り口、首都ビルグから湾を挟んで逆岸に位置する星型城塞である。この聖エルモ砦の脇を通過せずして艦隊は首都ビルグに辿り着けず、従ってイスラム艦隊を阻むいわば海の門番であった。

イスラム側は、この攻城戦を指揮する指揮所の位置を、グランドハーバーの付け根に位置するマルサに定めた。ここからなら、聖エルモ砦も、首都ビルグも、その双方をよく見渡すことが出来た。

この攻城戦のため、攻撃側はせっせと毎日マルサから聖エルモ砦へと、大砲と、その陣地を構築するための物資を人力で輸送した。この小さな砦の攻略準備に何日もの時間をかけることに、イスラム側の司令官はさして何の疑問も抱いて居ないようであった。

だがマルタ騎士団にとって、その与えられた時間の意味はまるで異なっていた。この輸送に敵が一秒でも多く時間をかけるほど、騎士たちはいずれ来るべき首都ビルグへの総攻撃に向けた防備の備えを少しでも進めることが出来た。まさに値千金と言うべき、貴重な一分一秒であった。

五月下旬、初夏の淀んだ暑さがマルタ島を覆い始めた頃、ようやく聖エルモ砦への砲撃が開始された。聖エルモ砦は昼には雨霰《あめあられ》と降り注ぐ弾着の土煙でその姿が隠れ、夜には攻城軍の焚く篝火《かがりび》で明明と照らされ、その姿は、まるで蒸気を吹き上げる火山の火口のようであったという。グランドハーバーを挟んですぐ目前の首都ビルグからは、そんな砦の様子がまるで手に取るように見えた。首都では、全ての騎士と市民、奴隷と兵士が攻め立てられる聖エルモ砦を遠目に見つつ、昼夜を問わず身を粉にして城壁の補強に働いていた。地下室では敵の眼から隠された火薬製造機が絶え間無く稼働し、次々と地上に砲弾が運び出されていった。

聖エルモ砦こそ、今やマルタ騎士団そのものの前衛であった。少しでも長く砦が持ちこたえるほど、騎士団の生存の確率は高くなるのであった。

五月が終わる頃には、砦の城壁のほころびはもはや隠すべくも無くなっていた。ある夜、夜闇に紛れ、聖エルモ砦に詰めていた騎士守備隊の代表がとうとう音を上げて総長ヴァレットの元を訪れた。もうだめだ、撤退を許されたい、と懇願する騎士を見下すヴァレットの額には、見る見るうちに青筋が浮かんだ。その視線には、明らかな軽蔑と、怒りがこもっていた。ヴァレットは武闘派らしく一言こう吐き捨てたと伝わる。「貴兄はもうよい。我が今から砦に入ってこれを守ろう」恥辱に青ざめた騎士守備隊代表が砦へと引き返すのを見て、ヴァレットは周りにもらしたという。「砦が絶望的なのは承知の上だ。だがこれが持ちこたえる時間にこそ、騎士団の存亡がかかっている」と。

六月に入り、三週間が過ぎた。この間、聖エルモ砦は、誰の予想をも遥かに超えて持ちこたえていた。五月末以降、この砦の攻略の指揮は海賊ドラグートが執っていた。ドラグートは北アフリカから自らの手勢をマルタ島に呼び寄せると、心地よい華美な天幕から出ようともしない軟派な他の司令官たちを差し置いて、一存で陣形を転換させた。この電撃的な作戦転換により、数日のうちに砦の外濠が陥落し、城壁にもイェニチェリ軍団によって遂に突入可能な穴が開けられた。ドラグートは、長年の戦歴からこの砦があと数日もあれば陥落すると確信した。しかしドラグートにとって不可思議なことに、この砦はここから三週間経っても陥ちなかったのである。何かがおかしかった。

ドラグートは、自らの直感に従うと、砦の周囲を数日間徹底して監視させた。そうして案の定、夜闇に紛れ、小舟が砦に乗り付けるその瞬間を捉えたのであった。総長ヴァレットは、騎士からの懇願を受け、敵に補給線が発覚する危険を冒しつつも、新たな兵力を毎晩小舟で砦に送っては、負傷者を搬出してビルグの病棟に運び込んでいたのである。この「輸血作戦」こそが、聖エルモ砦防衛のトリックであった。

翌日、小舟の抜け道がドラグートにより厳重に封鎖されると、もう人員と物資が聖エルモ砦へと届けられることはなかった。ここに、砦の命運は尽きた。

聖エルモ砦の砲撃（マッテオ・ペレス・ダレキオ画（16世紀）、グリニッジ王立美術館収蔵）

## 聖エルモ砦陥落

六月二一日、その年の聖体の祝日を、騎士団は祈りのうちに迎えた。対岸の聖エルモ砦が最後の抵抗をする姿を眼前に見ながら、見渡すばかりの三日月の旗に城壁を囲まれ、首都ビルグで騎士たちは跪《ひざまず》いて祈った。どうか、聖エルモ砦の兄弟たちが、イスラム教徒たちに無慈悲に滅ぼされる運命が待っていませんように、と。

そんな祈りに応えたのだろうか。とてつもない天佑が聖エルモ砦で起きていたことを、この時は騎士たちの誰も知らなかった。防衛のからくりを見破ったにもかかわらず、しぶとく陥落しない聖エルモ砦に苛立ったか。ドラグートはその豪奢な衣服が汚れるのもいとわず自ら塹壕内の砲台に赴くと、砲手一人一人になぜもっと狙いを下げないのかと叱責して回った。事故を怖がり互いに顔を見合わせるばかりの砲手を、ドラグートは剣を抜いて脅しつけてこう吐き捨てた。俺が大丈夫と言えば大丈夫なんだ、死に

首都ビルグ、聖アンジェロ砦、セングレア要塞の籠城（マッテオ・ペレス・ダレキオ画（16世紀）、グリニッジ王立美術館収蔵）

たくなければ直ちに一発撃て、と。こうして発射された砲弾が塹壕の壁に接触し、その場で四散した時、折り重なった死体の中には頭が砕けたドラグートの姿が含まれていた。イスラム世界でもっとも豪猛で、また鷹の目の戦術眼を有したこの海賊は、包囲戦半ばにして退場した。全地中海で恐れられた海賊の王の、あっけない最期であった。

聖体の祝日の翌日、ドラグートの死を隠すかのように、地上の全ての大砲が火を吹き、直後に味方の砲弾に倒れることを厭わないイスラムの狂信的兵団が、四方から一斉に砦を襲った。聖エルモ砦の姿は一時、騎士たちからもイスラム教徒たちの視界からも完全に消えた。そうして、夕刻、土煙が晴れた時、騎士たちは信じられない光景を目にした。それは、聖エルモ砦の崩れた廃墟の上に、満身創痍となった騎士たちの手により再び白き十字架の騎士団旗が掲げられる光景であった。この光景は、それを見た騎士全員の心を鋭く貫いた。その夜、砦に籠る騎士たちの置かれた境遇を思い、涙を流さずにいられる騎士は居なかった。

翌日、再び雨霰のような砲撃が再開し、それが嘘のように突然止んだ時、遂に最後の時がやってきたことを砦内の全員が悟った。訪れた静寂の中、イスラムのイマーム〔「指導者」の意味〕が、信仰のため今こそ突撃せよと諭している異国語が、風にのって騎士たちの耳に届いた。その内容は分からずとも、皆それが意味していることは理解した。それは、自分たちはこれから、ひとり残らず死ぬということであった。

この時、砦に生き残っていた守備隊は既に一〇〇人を切っていた。そして、そのほぼ全員が傷を負っていた。中には自力で立てない者も少なくなかったが、誰一人として、その剣から手を離そうとはしなかった。手負いの騎士デ・グアラスとミランダの二名など、自ら椅子を掴んでこれを扉の前に据えると、最期の時まで戦えるよう腰を下ろして敵が来るその時を待ったと伝承される。

こうして、スルタンの軍勢が津波のように全ての方角から襲った時、聖エルモ砦は陥ちた。一説には、ドラグートはこの陥落のその時まで生きていて、陥落の知らせを聞きアッラーに感謝すると息を引き取ったとも伝わる。聖エルモ砦に詰めた守備隊一五〇〇名のうち、生還したのは聖アンジェロ砦まで自力で泳ぎつけた僅かに九名のみ。まごうことなき玉砕であった。

だが、この犠牲が、マルタ騎士団に極めて価値あるものを残した。小さな要塞が持ちこたえたこの貴重な三一日間で、首都ビルグは総力戦への備えを得た。一方イスラム側は何を得ただろうか？　彼らが失った六〇〇〇の兵と引き換えに手に入れたのは、廃墟と化した小さな砦だけであった。ムスタファ・パシャの胸には、勝者に似つかわしくない虚無感とともに、自らの戦略の過ちが今更になって染み入っていた。三一日と兵六〇〇〇でこの小さな砦一つなら、あのそびえ立つ聖アンジェロ砦、そして騎士団の首都ビルグの攻略には、何を引き換えにしなければならないというのだろうか？

ムスタファ・パシャはようやく辿り着いた聖アンジェロ砦を前にして、こうつぶやいたとされる。

「あれほど小さな息子にあれほどの犠牲なら、これほど大きな父親のために、我々はどれほどの代償を払わなければならないというのか」

### 挑発の応酬

それにしても、四三年前のスレイマン一世とリラダンとの間で交わされたあの騎士道はどこに消えてしまったのであろうか。それほどまでに、今回のマルタ島大包囲戦は血塗られた仁義なき戦いの様相を呈していた。

聖エルモ砦を占拠したムスタファ・パシャが真っ先にしたことは、首都ビルグから一番良く見える岸辺を選んで粗末な十字架を林のように立てさせ、そこに騎士たちの遺体を磔《はりつけ》にして見世物にすることであった。一体その行動で、ムスタファ・パシャが何を成し遂げようとしたのかは不明である。もしこの稚拙な挑発で、騎士たちの士気が下がると期待していたのだとしたら、司令官はこのマルタ騎士団という組織の理解があまりに浅すぎた。

それに対する総長ヴァレットの対応もまた、武闘派総長らしく劣らず野蛮であった。彼は翌日、ビルグで捕虜となっていたイスラム兵を一人残らず処刑すると、その切り落とした頭部を大砲で一つ一つ対岸に打ち込んで同胞の元へと届けた。

二人の指導者が挑発の応酬に視野を狭くしていたお陰もあって、初夏のマルタ島で珍しい濃霧にま

カスティーリャ軍団の攻防（マッテオ・ペレス・ダレキオ画（16世紀）、グリニッジ王立美術館収蔵）

ぎれ、戦局を大きく変える幸運の贈り物が騎士団の元に届けられようとしていた。その贈り物とは、待ちに待った、シチリア島から派遣された援軍であった。その数はたった七〇〇名に過ぎなかったが、ヨーロッパ本土に駐在していたマルタ騎士四二騎、よく訓練された砲兵五六名、そしてスペイン兵六〇〇名から成る混成部隊は、マルタ島住民に先導され、現地人だけが知り得る小道を通って一人も欠けることなく首都ビルグに入城した。

一夜明けた首都ビルグは、その恵みを隠そうともしなかった。教会の鐘が一斉に鳴らされ、城壁の外に届く大声で喜びの鬨《とき》の声が上げられると、イスラム教徒たちは自らの包囲がザルであったことを思い知らされた。

この包囲戦におけるムスタファ・パシャの思考回路は実に読みづらいのだが、彼は短気で悲観家という、およそ籠城戦の総司令官に相応しくない面をマルタ島で晒《さら》している。その最たるものが、聖エルモ砦を攻め落とし、六〇〇余りの援軍の合流を許しただけで、マルタ騎士団に対して降伏交渉を始めた事実かもしれない。ムスタファ・パシャはヴァレットに対し、ロードス島と同じ条件、すなわち武器を帯びた名誉あるマルタ島からの撤退を提案した。

ヴァレットは、降伏を勧告するイスラムの使者を首都の外周へと連れ出すと、こう告げた。「上を見上げよ。この城壁の高さが、貴兄らが愚かにも攻略しようとする我らの護《まも》りだ。下を見よ。この濠《ほり》が、貴兄らに与えられる全てだ。貴兄らは皆すぐに屍となって、この濠を海の如く占めるだろう」

こうして挑発の応酬の中に、和平の道は絶たれた。あとには血で彩られた徹底した包囲戦の道のみが残されていた。

## 海上包囲

聖エルモ砦陥落後の数日間に交わされた互いの挑発は、結果として、イスラム側による首都の厳重封鎖に帰結した。ムスタファ・パシャは、停戦の提案を無碍《むげ》に断った無礼極まりない総長の言動を聞くと、優雅に調度されたシルクの天幕の中から配下の士官に当たり散らし、何が何でもあのグランドハーバーに我らの船を浮かべ、騎士団を海からも攻めよ、と難題を下した。

配下も必死であった。入り口が鎖で閉鎖されたままの湾に、如何にして船を浮かべよというのか？船が空に浮かばない限り、それは到底無理な話であった。だが出来ねば、ムスタファ・パシャの宝石で飾られた美麗な剣が抜かれ、自らの首を胴体から切り離すことは明らかであった。

夜を徹しての軍議の結果、解決案が、イスラムのお家芸である人海戦術によってもたらされた。彼らは、膨大な兵を陸上に並べて配置すると、造作も無く、ガレー艦隊を陸上に持ち上げると、これを人力で運搬し、対岸のグランドハーバーに下ろすことで、船を文字通り空中に浮かせたのである。この突貫作戦で、船に潰され圧死した兵は数知れなかった。だが、スルタンの艦隊は、兵の命より当然のように重かった。包囲戦が開戦してから一月《ひとつき》半、遂にマルタ騎士団は、その大要塞であったグランドハーバーの内側に、敵艦隊の侵入を許したのであった。

だがこの作戦を目前にした騎士団も、陸上を船が航行するその信じられない光景に唖然としつつ、ただグランドハーバーにスルタンの艦隊が出現する様をまざまざと見守るだけではなかった。海上包囲への対抗の主役は、泳ぎに優れたマルタ島の住民が担った。

騎士団とはどこかよそよそしい関係が続いていたマルタ島住民であったが、この包囲戦の危機にあっては、わだかまりも何もあったものではなかった。彼らは、その海中での漁の経験を活かし、長年自らの庭であったグランドハーバーに瞬く間に水中防柵を的確に配置した。そうして七月一五日、陸と海の双方から大規模な突撃が行われた時、予期しない防柵に打ち上げられ座礁するイスラム艦隊に、彼らは泳ぎ出て会敵し、海中で壮絶な白兵戦を展開した。後にスペイン軍人バルビはこの勇猛を讃え「いかなる国の兵でも、これほどの勇敢さは望み得ないほどの気迫」と評した。彼らは多大な犠牲を払いつつ、イスラム艦隊を次々と海へ沈めた。

騎士たちも負けては居なかった。住民たちが八面六臂《はちめんろっぴ》の働きを見せているその間、セングレア要塞の反対側の防壁からは、ムスタファの精鋭イェニチェリ八〇〇人が十隻の艦隊に満載されて突撃を試みていた。だが、ここでもまた、マルタ島の要塞設計の正しさが証明された。まさにこの角度から侵入を試みる敵兵への対処として、隠し砲台が設置されていたのである。砲台を指揮していたド・ギラルは、鷲《わし》の羽をつけたイェニチェリたちを満載した船が、こちらの砲台に一直線向かってくるのを眼にして、己れの幸運を信じることが出来なかった。二〇〇メートルの至近まで引き付けに引き付けて行われた一斉砲撃は、大虐殺となった。この日、無傷で逃げ帰ることが出来たイェニチェリ艦艇は、僅か一隻のみであった。

海上戦の趨勢《すうせい》が決した時、何百名ものイスラム兵が、海辺で助命を懇願した。だが、目と鼻の先で起こった聖エルモ砦の運命は、騎士から住民の一人一人に至るまで誰もが知っていた。「聖エルモ砦の敵！」そんな声が海岸のあちこちで上がる度、イスラム兵の喉が切り裂かれた。海中には幾千もの死体が沈み、波間には、ターバンや、イスラムの装飾が施された宝石が打ち寄せられていた。人力輸送によるムスタファ・パシャの海上包囲は、大失敗に終わった。

## 大砲撃

マルタ島はいつしか、汗に蒸れた鎧が不快な八月に入っていた。ここに来て、ムスタファ・パシャはようやくその戦略を変えた。それは、圧倒的な砲数にものを言わせた絨毯《じゅうたん》砲撃と、兵力にものを言わせた人海突撃の両面による、純粋なる物量作戦であった。当初から、当然採用すべき作戦であった。だが、戦術の迷いが、マルタ騎士団に二ヶ月半の貴重な防備の時間を与えていた。

見た目は不格好な継ぎ接ぎではあったが、実戦に備えて要塞化された首都ビルグ、聖アンジェロ砦、セングレア要塞の三拠点に、無数の六〇ポンドカルベリン砲、一〇門の八〇ポンド大砲、そしてスルタンの誇りであるバジリスク二門が向けられた。四方八方から無数の砲弾が真夏の青空を引き裂くと、それが差し渡り数百メートルに過ぎない拠点にまるで吸い込まれるように降り注いだ。その砲声はあまりの轟音《ごうおん》であり、マルタ島から一〇〇キロ離れた隣島シチリア島・シラクサでさえ「住民がその音

マルタ大包囲戦の勝利を神に感謝する総長ヴァレット（シャルル・フィリップ・ラリヴィエール画（19世紀）、ヴェルサイユ宮殿収蔵）

を雷鳴に例えた」と残されている。
そうして、砲弾の跡の無い土地が尽きるまで徹底した砲撃を数日間行うと、突然それが静まり、ラッパの音とともにイスラム教徒たちが海のように拠点を襲うという戦術が、飽きること無く繰り返された。突撃の度、城壁に取り付いたイスラム兵たちは、匠《たくみ》に設計されたマルタ騎士団の星型城塞により十字砲火に晒され、折り重なるようにその屍を積み上げた。
時には城壁の内側にまで到達しつつも、イスラム教徒は常に要塞と騎士団の鋼の護りに押し返され撤退を繰り返した。特に八月七日の突撃は、遂に城壁の内側まで突破しつつも、あと一歩のところで騎士団の別働隊が旧都イムディーナからイスラム本営を急襲し、撤退を余儀なくされている。ムスタファ・パシャは、悔しさのあまり自らの髭を引きちぎらんばかりであったという。

身を削る壮絶な籠城の果てに、八月中旬、騎士団は遂に切望していた知らせを隣島シチリアから受け取った。それは総督ガルシアの「八月末までに一万六〇〇〇の援軍をマルタ島に派遣する」という書簡であった。

これを受け、騎士団の大評議会議員の多くが、時間稼ぎに移行することを公然と議論し始めた。このままでは首都ビルグ、セングレア要塞のいずれかが陥ちるのは時間の問題として、首都を放棄し、体力ある騎士と兵士だけで聖アンジェロ砦に籠城することを提案したのである。

だが、これに対する答えこそ、武闘派総長ヴァレットの真骨頂とも言うべき言葉であった。彼は「口約束など当てにはせぬ。我らを救えるのは、我らだけだ」と言うと、これ以上の撤退を許さない不退転の決意の表れとして、聖アンジェロ砦と首都ビルグとを繋ぐ橋を爆破させたのである。この時の大評議会議員たちの心境を想像するとおかしいが、だがこの総長の判断は正しかった。彼はロードス島の経験から、如何に堅牢であろうと、たった一つの要塞に閉じこもるより、砲撃と人員の分散を図ることが圧倒的な物量を有する敵に対し戦略上重要であることを知っていた。

そして何より、どれだけ追い詰められていようと、騎士として、ヴァレットは騎士団とともに日々苦しんできた勇敢なマルタ島の男、女、老人、子供を見捨てるつもりは無かったのである。

八月一八日、首都ビルグを守っていた南の防壁が、ロードス島でも騎士団を苦しめたあの坑道爆破によりとうとう破られた。突然爆薬が炸裂し、地響きとともに、白装束の敵兵の大軍が首都ビルグの内側になだれ込んできた。その時総長ヴァレットは、七〇歳という年齢を忘れたかのように、周りが気づいた時には既に鎧もつけずイスラム教徒の群れに突撃していたという。その姿は騎士、守備隊、町民の全てを奮い立たせた。

敵に肉薄し最前線で戦うヴァレットの脇で、遂に敵の手榴弾が炸裂した時、騎士たちはまるで時の流れが遅くなったかのようにその様を見た。だが、脚を破片が貫き、鮮血を流したヴァレットは、騎士たちの憂慮をよそに剣を抜くと、イスラムの三日月の旗を一直線に指し、「あの旗が風に揺れる限り、私が撤退することはない！」と叫んだのであった。

これを聞いて奮起しない者は、騎士ではなかった。日暮れには、包囲されたイスラム兵の駆逐が城内で始まり、再び首都ビルグは守られた。

**勝利**

八月の第三週までには、騎士団大病院に空いたベッドなど一床も無く、弾薬は目に見えて減り、防壁は崩れ、「歩くことさえできればその者は負傷者と見なされなかった」という。

ヴァレットは時間を見つけては病院を訪れると、歩ける者はベッドを離れて防衛のため立ち上がるように呼びかけた。そして、自らの足の手榴弾の傷を見せながら、私にも休養が必要だが、これほど絶望的な状況下では、そんなことは考えもしないと言い切った。これには皆奮い立つと、次々と戦列に復帰した。

このマルタ大包囲戦において病院が如何に重要な役割を果たしたかは、強調してもし過ぎることはない。騎士たちがすし詰めで日々防衛に励んだにもかかわらず、包囲戦を通じて一つの疫病もペストも発生しなかったことは、騎士団の驚くべき衛生水準の高さを証明している。

マルタ騎士の誰もが、徹底した抗戦に闘志を燃やしていた。そして騎士団には思いもよらなかったことだが、攻めるイスラム軍の方が、疲弊の色を濃くしていた。甚大な犠牲を強いられ、真夏のマルタ島の猛暑に苦しめられ、底をついた食料と、何より悪化した衛生状況による赤痢の蔓延に、イスラム教徒の間に士気はもはや存在しなかった。ムスタファ・パシャとピヤーレ・パシャの不和が、それを加速した。ドラグートなき今、高慢な二人を繋ぎ止めるものは無かった。

そして九月六日、遂にシチリア総督ガルシアの援軍がマルタ島北東にあるメリエハ湾に到着した時、満杯となったコップに、最後の一滴が落ち、イスラムの軍勢は堰《せき》を切ったように崩壊した。こうして、この四ヶ月余りに及んだ大包囲戦の趨勢《すうせい》は決した。翌朝、騎士団が城塞から外を見た時、昨日までそこにあった大軍がまるで煙のように溶けて消え去っていた。その跡には、ただ打ち壊されたテントと、繋がれたままの家畜がまるで抜け殻のように残されるのみだった。

九月八日、聖母生誕祭の日に大包囲戦は終わった。イスラム兵は海へと、残された数少ない船へと、無気力にただひたすらに逃げた。そうして残された軍勢がコンスタンティノープルにようやく辿り着いた時、その数は、出発時の僅か三分の一という有様であった。

教会の鐘の音が首都ビルグの廃墟に響き渡った。ある騎士がこの感動をこう書き残している。「人の耳に、これほど甘美な音楽が鳴り響いたことはなかった。敵襲を知らせる以外の鐘の音を聞いたのは、実に三ヶ月ぶりであった。その運命の朝、ミサの鐘が鳴らされたのは、出撃を命ずる連日の鐘とまさに同じ時刻であったことに突然気がついた。我々は頭を垂れ、厳粛に、主なる神と聖母に、その恵み深い恩寵に深い感謝を捧げた」

荘厳な賛美歌が天高く歌われる中、地獄のような長い夏の終わりに、再び首都ビルグの城門は開かれた。無敗を誇ったオスマン帝国の、歴史上初めての敗北であった。騎士たちは、壮絶な犠牲を払いつつ、マルタ島と、ヨーロッパを護ったのである。

# 歴史第九章　守護者（マルタ島・1565-1675）

## ヨーロッパ世界の守護者

一五六五年九月、マルタ島の晩夏の青空からイスラム教徒たちの砲煙が晴れ渡った時、その煙の中から再び姿を現した騎士団は、もはや以前の「時代遅れの宗教組織」では無かった。今や騎士団は、「キリスト教世界の守護者」として、ヨーロッパの人々の眼にはその小さな島が神々しいオーラを放つように映った。マルタ騎士団は、数世紀に亘って色褪せない、貴金属のような名声をこの勝利で得たのであった。

遡ること五世紀、クレルモンの青空の下、教皇ウルバヌス二世の演説に端を発した十字軍運動がマルタ騎士団の揺りかごであった。そして今、騎士団は、マルタ島からイスラム教徒への反撃の狼煙《のろし》を上げる希望の灯となった。あたかも、マルタ騎士団というタイムカプセルに埋められていた十字軍という古の想い出が、イスラム教徒の砲撃によって掘り起こされたかのようであった。

予想を覆すマルタ騎士団の大勝利は、ヨーロッパ全土で熱狂的に祝われた。カトリックから改宗し騎士団の財産を没収していたイギリスでさえ、エリザベス一世の勅令により三週間に亘り全ての教会で特別な感謝祈禱を捧げたほどであった。

「世にマルタ大包囲戦ほど、よく知られているものはない」

ヴォルテールの言であるが、事実この四ヶ月の壮絶な大包囲戦は、新聞や雑誌、書籍はもとより、絵画、バラード、歌謡曲、舞台……と、思いつく限りのあらゆる媒体で瞬く間にヨーロッパ全土に拡散した。その全てが、マルタ騎士団を白銀の鎧輝く英雄として描いた。つい四十数年前のロードス島包囲戦と比べても、あまりの違いであった。

これは一つには、ヨーロッパから目と鼻の先に位置するマルタ島が、そもそもヨーロッパですらない遥か遠きロードス島よりも、人々の心に近かったことがある。事実エーゲ海は、イスラムに奪われたいわば外海であったが、マルタ島が位置した地中海は、まごうことなき自らの海であった。この意味でも、マルタ島に本拠を移したことは騎士団に思いがけない恩恵をもたらしたことになる。

だがより本質的だったのは、この大包囲戦の勝利が、ヨーロッパ世界のオスマン帝国に対する恐怖がその頂点にある時にもたらされたことであっただろう。オスマン帝国はキリスト教を相手に負けを知らず、その三日月旗はペルシャ湾からオーストリアにまで翻っていた。誰もが、次はどの都市が蹂躙されるのか、怯えながら年を越した。エリザベス一世が「もしオスマン帝国がマルタ島を占有したなら、キリスト教の国々に如何なる危険が及ぶか想像もつかない」と記した通り、人々はマルタ島の運命を自らの運命として、日々新聞を読み漁ったのであった。

後世の歴史家プレスコットは「スレイマン一世は、その長く輝かしい治世の間、マルタ大包囲戦ほど屈辱的な逆境に遭遇したことが無かった。その軍事費は言うに及ばず、人命の浪費も甚だしかった」と評しているが、事実、このたった半年間の攻防で騎士団がオスマン帝国にもたらした膨大な戦死者は二万五〇〇〇とも三万とも推定される。これは人海戦術を旨とするオスマン帝国にあっても、後々にまで跡を引く大損失であった。

こうしてマルタ騎士団が、その勢いの頂点にあったオスマン帝国に一六世紀に初めての敗北を与え、気勢を削いだことで、騎士団は極めて大きな歴史的な転換点を作り出していた。もちろん、当時の誰もまだ知る由もないことであったのだが。

## マルタ島再建

とはいえ、一五六五年の戦塵晴れたマルタ島の姿は悲惨の一言であった。

マルタ騎士団の四拠点にたった四ヶ月で撃ち込まれた砲弾の数は約一三万とも推計され、あらゆる建物が廃墟と化していた。

島民は、その三分の一が殺された。そして防衛に当たった騎士団と傭兵に至っては、八割を超える死傷率が記録されているのである。生き残った騎士のほぼ全員が重傷を負い、再び剣を持てる者など一握りであった。必至と思われたスレイマン一世の再襲撃に、今のマルタ島で耐えられる可能性はゼロに等しかった。

こうして、数十年来騎士団内でくすぶっていた、マルタ島脱出を目論む一派が再び息を吹き返した。一時はマルタ騎士団の主要な聖遺物や資産が船に積まれるほどであったが、総長ヴァレットには不退転の決意があった。総長は、マルタ騎士団に神から与えられた使命が、イスラム教徒への先兵として最前線でキリスト教世界の防衛に当たることだとよく理解していた。騎士団だけの身の安全のため、マルタ島から引くつもりなど毛頭無かったのである。

ヴァレットは教皇ピウス四世に使者を派遣し助力を乞うと、当時世界最高の軍事技術者として名高いミケランジェロの弟子フランチェスコ・ラパレッリ・ディ・コルトーナのマルタ島への派遣を実現させた。ラパレッリは一二月下旬にマルタ島に上陸すると、たった三日で次の提言を大評議会へと上申している。

「マルタ島という本質的に要塞であり、素晴らしい天然の良港と建築石材を備えた島から退却しようなどという考えは犯罪的な愚かさである」「グランドハーバーで最大、かつもっとも高所に位置するシベラス山に、新たな首都要塞を建築すべし」

こうして、大方針は決まった。

誰も見たことのない壮大な首都要塞が設計され、大包囲戦において廃墟と化していたビルグとセングレア要塞は、この新たな首都要塞の援護拠点という扱いで計画が立て直された。この新首都は、偉大なる総長ヴァレットの名を取って次の通り名付けられた。「もっとも謙虚なる都市ヴァレッタ〈Civitas Humilissima Valetta〉」と。

大包囲戦終結から半年後の一五六六年三月二八日、ヴァレッタの最初の礎石が総長ヴァレットにより据え付けられ、こうしてマルタ島の再建が始まった。その莫大な建設費用は、マルタ騎士団では到底賄いきれる額ではなかった。だが既に、マルタ騎士団は、以前の騎士団では無かった。騎士団は、ヨーロッパの英雄、対イスラム教徒の希望の光となっていたのだから。

教皇から君主、貴族に至るまで、この英雄になんとしても再起の支援を与えねばならないという、つい数年前には信じ難い意識がヨーロッパに醸成されていた。教皇から多額の資金援助がもたらされたのを皮切りに、スペイン王やポルトガル王、そして以前、騎士団につれない態度を取っていたフランス王からも手のひらを返したように次々と巨額の寄進が流れ込んだ。もちろん、この寄進には、マルタ騎士団に対イスラム教徒の先兵として立ってもらうという、自国の冷徹な安全保障策が織り込まれていたことは言うまでもないのだが。

マルタ騎士団への支援はそれに留まらなかった。君主のみならず、ヨーロッパ中の市民が、次々と私財を寄附したのである。それは、マルタ大包囲戦で得た大衆からの驚異的な名声が、具現化して形あるものとしてマルタ島に流れ込んだものと言って良かった。

それはあたかも、中世十字軍の息吹が再びヨーロッパを駆け巡ったかのようであった。

## 首都要塞ヴァレッタ

急速に建設が進められたヴァレッタは、必至と考えられたイスラム教徒の再襲に備えて全てが設計されていた。仰ぎ見る高さの城壁と、脚のすくむような深さの濠に囲まれたこの新首都は、騎士団総長宮殿と騎士館とが籠城を前提として戦略的に配置され、その階段までもが、甲冑を着けた騎士たちが登り降りしやすいよう段差を低く設計される徹底ぶりであった。ヨーロッパの他のいかなる城郭都市よりも抜きん出た、騎士による、騎士のための、他に類を見ない実戦的首都要塞であった。その姿は、その建材となったマルタ島産石灰岩の輝きとも相まって、見る者に威厳と畏怖を感じさせた。

英国建築家クエンティン・ヒューズの言を借りてこの首都要塞ヴァレッタの大まかな設計を説明すれば、「都市の設計は碁盤の目に従い、縦方向に一二、横方向に九のブロックで成立している。……ヴァレッタは、それまでの騎士団の二首都とは大きく三つの点で異なっている。第一は、新市街が碁盤の目状に整備された点。第二は、騎士団の最後の砦となる騎士団総長宮殿を城塞の一環とする設計が却下され、総長宮殿もまた市内に建設された点。第三は、コラッチョと呼ばれる騎士だけが居住する特権階級向け区域が廃止された点。これにより各騎士館は、都市中心部だけに固まることなく、守

ヴァレッタ（中央）と聖エルモ砦（右下）

備が割り当てられた砦の近隣に建設されることが可能となった」

このヴァレッタを、騎士団はその後二世紀に亘り家と呼び、全ヨーロッパから羨望の目で見られる都市へと繁栄させることになる。

## 両雄の退場

莫大な資金を調達し要塞化を急いだマルタ騎士団であったが、だが結果として、スレイマン一世の再侵攻は起こらなかった。その理由として、一部の歴史家たちは次の説を好んで紹介するものの、これが史実かどうかは定かではない。

「ヴァレットは武力でオスマン帝国に正面対抗できないことを悟ると、難局の打開策として謀略戦を指揮した。総長はコンスタンティノープルに潜入した工作員に指令を出すと、その大工廠《こうしょう》を成功裏に破壊したのである。マルタ島への再遠征に向け大量の火薬が備蓄された大工廠は、火の手を上げると激しく爆発し、艤装が着々と進められていた艦艇は完全に破壊されたのであった」

高く城壁で囲われたヴァレッタ

真実が、ヴァレットによる破壊工作であったのか、それとも当時よくある単なる事故によるものであったかは今となっては知りようもない。但しこの大爆発が、事実としてマルタ島への再遠征を止めたことだけは確かである。

艦艇を失ったスレイマン一世は、マルタ島攻略を棚上げにすると、一五六六年に陸路でハンガリーへと侵攻した。スルタンはその行軍中に倒れ、九月六日にそのままあっけなく逝去したのである。イスラムでもっとも輝かしい戦歴を誇るこのスルタンの最後の戦いは、騎士団を相手にした負け戦であったことになる。

両雄の魂が惹かれ合ったのかは分からない。だがロードス島、マルタ島と二度に亘りスレイマン一世と死闘を演じた総長ヴァレットもまた、その二年後の一五六八年八月二一日に脳梗塞に倒れ、そのまま帰天した。騎士道精神を具現化した、神に祝福された総長の最期であった。

帰天の直前、ヴァレットの元に、教皇聖ピウス五世から破格の打診があった。それは彼を、枢機卿《すうききょう》に任命したいという打診であった。緋色の鮮やかな祭服を身に纏

総長ヴァレット墓碑（聖ヨハネ准司教座聖堂地下聖堂）

い、教皇の顧問としてその選挙権を有する枢機卿は、カトリック教会における、そして当時のキリスト教世界における最高の地位の一つである。だが彼は、この最上級の名誉を慎み深く辞退した。自らが騎士団総長として、イスラム教徒とはいえ多くの人々を殺《あや》めてきた以上、枢機卿には相応しくないという理由からであった。ヴァレットの思慮深い人格をよく表す逸話である。

ヴァレットはヴァレッタの中心に位置するマルタ騎士団付教会の地下墓に埋葬され、イングランド軍団最後の騎士、オリヴァー・スターキーにより次の墓標が刻まれた。

ここにヴァレットが眠る。
永久の名誉を身に纏う、
アフリカとアジアの宿敵、
ヨーロッパの守護の盾。
輝く剣で異教徒を追放し、
自ら礎を築いたその都で、
誰より最初に埋葬される。

## レパントの海戦

こうして小康状態のうちに、マルタ大包囲戦から六年の月日が流れた。この間マルタ騎士団は、海上の小競り合いで貴重な輸送船三隻をさらに失うなど手痛い敗戦などを経験したものの、再びイスラム教徒を相手に決戦を行う日が来ることを信じ着々と力を再び蓄えていった。

そうして、一五七一年、遂に教皇ピウス五世により全キリスト教勢力を集結したイスラム教徒への大決戦が呼びかけられた時、マルタ騎士団は待ち望んでいたその時が来たことを知った。

一一世紀の十字軍は、イスラム教徒に占有された聖地の奪還を目的とした軍事行動であった。それから五〇〇年近い年月を経て行われた今回の一大軍事行動の目的は、イスラム教徒に占拠された地中海の奪還であった。

十字軍に生を享けたマルタ騎士団は、長き年月を経て、マルタ大包囲戦の勝利により新たな十字軍精神をヨーロッパ世界に芽生えさせ、そして歴史上最後の三日月対十字架の全面戦争であるこの「海の十字軍」を歴史にもたらしたことで、その恩をキリスト教世界に返したと言えるかもしれない。

一五七一年一〇月、イオニア海レパント沖に集結したキリスト教神聖同盟艦隊の布陣は、スペイン帝国、ジェノヴァ共和国、ヴェネツィア共和国、サヴォイア公国、トスカーナ大公国、ウルビーノ公国、教皇庁、そしてマルタ騎士団という、まさに五〇〇年前の十字軍を彷彿とさせるキリスト教世界の大同盟軍であった。その総数は三〇〇隻という膨大な数であり、総指揮はスペイン王フェリペ二世の庶弟であるドン・ファン・デ・アウストリアに託された。

対するイスラム側の艦隊も、精鋭度の面でも数量の面でも勝るとも劣らなかった。メジンザード・アリ・パシャ率いる艦隊の総数は二八五隻。戦力は、完全な五分五分と言えた。

このマルタ騎士団にとっての晴れ舞台といえる海の十字軍に、騎士団がたった三隻のガレー艦隊しか派兵出来なかったことは、如何にマルタ大包囲戦における戦力消耗が激しかったかを物語る。しかし、この三隻は、キリスト教世界から享受する騎士団の名声と、そして騎士団自身の闘志を表すかのように、全艦隊の最右翼端という、もっとも危険であり、かつ重要な位置に配置される栄誉を得た。

そうして一〇月七日、この地中海の所有権を決する海戦の幕が上げられた時、騎士団は多勢に無勢を物ともしない八面六臂の戦いを繰り広げ、「これが音に聞くマルタ騎士団か！」と、艦隊を並べるキリスト教徒たちを感嘆させた。当時の従軍者の以下の証言が残されている。

「騎士たちは、その英雄的な騎士団の栄誉に全く相応しい武勇で自らを護り戦っていた。フエンテス伯爵の子息ベルナディーノ・デ・ヘレディアの武勇は目覚ましく、サラゴサンの騎士ジェロニモ・ラミレスは、まるで聖セバスティアヌスのように全身に矢を浴びながらも勇猛に戦い、アルジェリアの船員たちは彼の死が確かになるまで誰も近づこうとしなかった。ブルゴーニュの騎士は、敵のガレー船に単身飛び込むと、四人のイスラム兵を殺害し、数の力に圧倒されるその時まで剣でイスラム教徒を切り裂いていた」

そうして、動く者の無くなったマルタ騎士団のガレー船に乗り付けた救援隊は、満身創痍となって気を失った騎士二名と、体中に五本の矢が刺さったままの騎士司令官、そして騎士団のガレー船を奪おうとして返り討ちにあったイスラム兵三〇〇の死体が転がる凄惨な現場を目撃したと伝えられる。

騎士団の位置する右翼だけでなく、レパント沖の全水域で激烈な白兵戦が展開されていた。一時はヴェネツィア艦隊司令アゴスティーノ・バルバリーゴが右目を矢で射抜かれ致命傷を負うなど危うい局面もあった神聖艦隊であったが、日が傾く頃には、勝者は誰の目にも明らかとなっていた。キリスト教軍の、圧勝であった。

イスラム側は、二八五隻の艦隊中二一〇隻が拿捕《だほ》され、二五隻が沈没、母港に帰着したのは僅か四隻という空前の大敗北を喫した。戦死者・捕虜合わせて三万という、マルタ大包囲戦に並ぶ被害を与えたこのレパントの海戦であったが、キリスト教側も戦死者八〇〇〇という少なからぬ損害を受け、従軍していた『ドン・キホーテ』の作者ミゲル・デ・セルバンテスもまた傷を負ったことは有名である。

拿捕されたガレー船から、鎖に繋がれたキリスト教徒の奴隷一二万人が解放された。マルタ大包囲戦に続く、キリスト教世界の歴史上二度目のオスマン帝国への大勝利であった。

数世紀に亘るイスラムのキリスト教に対する圧倒的な優勢の天秤《てんびん》が、音を立ててその方向を変えつつあることを全キリスト教徒は肌で感じたのである。

## 転機

レパントの海戦には、後世から見て歴史上の最後が二つあった。

一つは、ガレー船が主戦力となった最後の海戦である点。戦役の戦利品として獲得される数百人の奴隷によって支えられた人力船であるガレー船は、これ以降、安価で人手も必要ない帆船に取って替わられた。帆船はまた戦艦としても、火砲の設置の面と、防御の面でガレー船に対する優位があった。

そしてもう一つが、このレパントの海戦が、マルタ騎士団の歴史において最後のイスラム教徒との大規模な戦いとなったという点である。後の一六一五年、六〇隻のガレー船で数千人のイスラム兵がマルタ島に上陸したこともあったが、巨大な要塞の前に手も足も出ず、小競り合いの末にすぐに撤退している。マルタ騎士団の歴史におけるその最後の大規模戦が、「海の十字軍」とも言うべきレパントの海戦の舞台であったことは、実に騎士団らしい歴史の因縁を感じさせる。

いずれにしても、マルタ騎士団の活躍の主軸は、これ以降海上警察としての活動に移ることになる。十字軍に比べれば確かに地道な活動ではあった。だが、ここから一〇〇年以上に亘り、南イタリア、サルデーニャ、シチリアなどの地域をバルバリー海賊から護ったマルタ騎士団の功績は、十字軍に勝るとも劣らない重要な戦果であると言えよう。

さらにマルタ騎士団の興味深い役割として、ナポリ、サルデーニャ、教皇庁のエリート海軍士官たちの留学先としての活躍もあった。マルタ騎士団は、その艦隊で直接海賊退治に貢献したのみならず、フランス、ナポリ、サルデーニャ、教皇庁といった国々の若手海軍士官のための唯一の海軍士官学校としてその名を馳せたのである。

アルジェ、チュニス、トリポリの海賊退治のため、そして若き指揮官の教育のため、マルタ騎士団は年に三回の定期的な海上遠征を維持し続けた。こうして一七世紀を通じ騎士団の戦史は、拿捕、撃沈、沈没、座礁など、膨大な数の戦績で彩られている。この時期、イスラム教徒が畏敬の念を持ち続けたキリスト教徒は、もしかしたらマルタ騎士団だけであったのかもしれない。

## 栄華

騎士団とマルタ島民との関係は、常にどこか他人行儀であった。だが一方で、騎士団の下でマルタ島がかつてない栄華を極めたことだけは、この新たに入植してきた高慢な支配者を内心苦々しく思っていた島民も、誰も否定をし得なかった。

レパントの海戦（作者不詳、グリニッジ王立美術館収蔵）

「マルタ島は島でなく岩だ」などという失礼千万なフランス騎士の評から僅か半世紀、この「岩」は、宝石箱のように煌めく富を蓄えた、地中海でもっとも有名な島となっていた。

マルタ騎士団はその二世紀以上の治世の間、要塞から食料庫、城壁から邸宅まで、惜しみない建設資金をこの島に費やした。歴代騎士団総長たちはそれぞれの任期中に残した公共事業の豪華さを競い合った。広場には噴水が煌めき、壮麗な騎士館が南の太陽に白く輝き、水道が岩山から清水をもたらし、そして騎士団総長宮殿の内装は、ヨーロッパの如何なる王家の宮殿にも見劣りしなかった。

中でもこの時期の特に重要な建築物を問われれば、騎士団総長宮殿と、大病院、そして聖ヨハネ准司教座聖堂の三つを挙げることになるだろう。ジェロラモ・カッサールの設計により一五七八年に落成した准司教座聖堂は、その質素な外観とは裏腹に、内部は見渡す限りの黄金と大理石によって過剰なまでに装飾された世界有数のバロック建築である。その床は戦場に散った騎士団員たちの色彩鮮やかな大理石の墓碑の数々で埋め尽くされ、壁は見事なフランドル織のタペストリーで華やかに彩られている。各軍団には独自の祭壇が備えられ、軍団は各自の祭壇をもっとも華美で装飾的なものにしようと必然的に競争した。そこは、マルタ騎士団が有した膨大な富と、競争心と、貴族的豪奢さと、そして宗教心とが共存した、現実社会から隔絶された異世界である。

## 再び病院騎士として

だがマルタ騎士団の栄華は、その大病院を語らずしてこれを論じることは出来ない。一五七八年に落成した騎士団大病院は、当時全ヨーロッパ世界の羨望の的であった。

全長六〇メートル、幅約一〇メートル、高さ約一〇メートルを誇るこの大病院は、感染症患者専用の病棟と、当時としては異例であった奴隷向けの病棟とを備え、疑いなく当世で世界一の規模を誇っていた。高い天井は、夏には気温が四〇度近くなるマルタ島において、その屋内を涼しく保つための工夫であった。

マルタ騎士団の医療水準、特に戦闘において重要となる衛生に関する水準はヨーロッパで最高とされ、例えば大包囲戦においても各拠点には多くの塩水の樽《たる》が置かれ、傷口の応急消毒剤として用いられた。傷口は消毒後、糸で縫合され、血管が結紮《けっさく》されたが、これは、傷口は通常ただ焼くのみであった当時の戦場の常識から見て医学的に非常に進んだ処置であった。

一六七九年には解剖学と外科の医学校が開設され、全ヨーロッパから名家の子弟が医学を学びに島を訪れるようになる。さらに、一七七二年にこの医学校から初めて女性医師を輩出したことも、当時のヨーロッパとしては非常に先進的な取り組みであった。

この時期マルタ島を訪れたある英国海軍付司祭は「病院は広大で、ベッドは左右に整然と並べられ、四本の鉄脚で支えられ、白いカーテンと巾着が吊るされ、実に清潔で、あらゆるものが整然と保たれている」と、その清潔さに驚いている。この大病院でも、患者には純銀製の食器が用いられ、週に一日は騎士団総長が自ら見回ることが習慣とされていた。まさに、騎士団の主たる病者と貧者に、相応しい扱いであった。

加えてマルタ騎士団の病院騎士としての活躍が、マルタ島だけに留まらなかったこともまた特筆に値する。彼らは地中海において、現在でいうところの国際救援活動をヨーロッパで初めて展開したのである。一六九三年、シチリア・アウグスタの街が地震で破壊された時、五隻の騎士団艦隊が直ちに派遣され、住民に外科医や薬、食料、衣類を始めとした可能な限りの援助が提供された。

さらに一七八三年、南カラブリア・レッジョとシチリア・メッシーナが地震で破壊された時には、騎士団の全艦隊が被災者の救助と救援に派遣された。この時、マルタ騎士団は島でもっとも優秀な外科医を伴い、二〇箱の薬、家を失った人々を収容する多数のテント、そして二〇〇ものベッドを送ったと記録に残る。この迅速かつ的確な救援活動は、シチリアの統治者であるスペインのブルボン王家に恥をかかせた廉《かど》で、正式に王家から抗議文が騎士団に送られた程であった。だが時の総長エマニュエル・ド・ローハン・ポルデュックは「我らは、苦境にある全ての人を助けるという自らの任務をただ遂行したまでである」と堂々と返書を出し、逆にブルボン王家を感心させている。

だが二〇〇年後、これこそがマルタ騎士団の存在意義そのものになろうとは、エマニュエル・ド・ローハンでさえ想像もつかなかったのではないだろうか。

聖ヨハネ准司教座聖堂

金のマルタ、銀のマルタ、白金のマルタ

こうした建設と活動とに必要となる莫大な資金は、マルタ騎士団の海上警察行動によって、まるで投網で魚を捕獲するかのように豊富に島にもたらされた。市場は全地中海の商品を集めたかのように、絹、香辛料、貴金属、宝石、ワイン、穀物、果物……と、騎士団の戦利品で軒先はいつも溢れんばかりであった。

騎士の高い生活水準を満たすための惜しみのない出費と、ヨーロッパ本土から日々もたらされる最新の農業技術が、マルタ島の経済を一層繁栄させた。改良された灌漑システム、より良い品種のブドウの導入、そして柑橘類の大規模な栽培は、マルタ島を農産物でも有名にした。さらに後年に導入された綿花栽培により、マルタの帆は、その品質と帆職人の技術の双方から、地中海全域で高品質の代名詞となっている。

騎士団の統治下で、マルタ島の住民の数は五倍にまで増えた。キプロスの詩人によって作曲され、すぐに全地中海で歌われるようになった次のバラードが、騎士団によってもたらされた栄華を何よりよく物語っている。

ああ金のマルタ、銀のマルタ、白金のマルタよ、
貴女《あなた》は何者にも獲《と》られはしない！

マルタ騎士団総長宮殿（現在のマルタ共和国大統領公邸）

マルタ騎士が着用したパレード用甲冑（マルタ騎士団総長宮殿収蔵）

マルタ騎士団大病院

たとえ貴女の土地が瓢箪《ひょうたん》のように柔らかく、
その防御が玉ねぎの皮のように薄くとも

貴女は城壁からこう宣言するのだ、
我はトルコのガレー艦隊を打ち破り、
コンスタンティノープルと金角湾全ての兵を打ち倒したあのマルタなり、と！

# 叙説Ⅲ　マルタ騎士団総長列伝

マルタ騎士団の柱石は、いつの時代も疑いなく総長である。騎士団総長は、国家としての騎士団の元首の役割と、カトリック修道会としての宗教的指導者の役割とを併せ持つ、聖俗両面での騎士団のトップである。

聖ヨハネ騎士団時代、騎士団の長《おさ》は病院の守護者（羅：クストス、英：ガーディアン）と呼ばれたが、ロードス島上陸と共に団長（羅：マジースタ、英：マスター）へと呼称が代わり、フールク・ド・ヴィラレが初めてこの肩書を名乗った。その後、一四四四年のエジプトのロードス島上陸とともに総長（羅：マニュス・マジースタ、英：グランド・マスター）という現在に続く肩書が確立され、ジャン・ド・ラスティックが総長の肩書を用いた最初の例である。但しマルタ騎士団では、歴史的に遡って福者ジェラールまでを総長としている。

騎士団総長位には複数の栄誉が付随するが、特に顕著なのは教皇庁による枢機卿としての礼遇と、神聖ローマ帝国における大公の称号である。

ヴァレットは教皇聖ピウス五世による枢機卿への叙階の打診を断ったが、正式な任命を伴わないまま、一五八〇年までには教皇庁はマルタ騎士団総長に対して枢機卿としての礼遇を以て接する慣例を確立した。教皇庁におけるマルタ騎士団総長の序列は枢機卿の直下に位置づけられ、教皇の選挙権（コンクラーベ出席義務）は有さないものの、一六三〇年からは枢機卿のみに用いられる「猊下《げいか》」の尊称も用いている。

一六〇七年、神聖ローマ皇帝ルドルフ二世により騎士団総長に対して神聖ローマ帝国大公（プリンス）の位が授与され、現在まで継承されている。

この誉れ高き「大公にして騎士団総長」という大役を担った歴史上の騎士たちから、ごく数名をここで紹介しよう。

## 福者、初代総長ジェラール

ジェラール

この列伝を始めるにあたり、この人物以外から筆を進める訳にはいかないであろう。言わずとも知れた、初代総長ジェラールである。

だが、キリスト教世界で名を馳せた組織の創始者としては、この人物の生涯について分かっていることは驚くほど少ない。彼は、イタリアのカンパニアで生まれたとも、アマルフィで生まれたとも、フランスのプロヴァンスで生まれたとも伝わるが、その育ちも、姓も未だ謎のままである。ただ分かっているのは、彼が成人後、聖都に建つベネディクト会の聖マリア修道院に入ると、その謙虚な人柄によって聖ヨハネ病院の院長に押し上げられたということのみである。この慎ましやかな院長が全く予期しないことに、聖ヨハネ病院は、第一回十字軍の巨大な渦の中心に巻き込まれることとなる。その後は、歴史の知るところである。

ジェラールは、一一二〇年に帰天した。

カトリック教会は、イエス・キリストの教えに忠実に従い、苦難に遭いながらもキリストに対する信仰に人生を捧げられた方々を、「聖人」「福者」という敬称で讃える。現代では時として百年を超える気の遠くなるような調査を必要とするこの審査は、一二世紀の当時、まだ今のように厳格ではなかった。中世の人々は、ジェラールの徳を讃えると、衆議一致によって、彼に「福者」の称号を与えた。これはまだ「列聖（人を死後に聖人として公に認める）」という概念の無かった一二世紀における、最高の敬称であった。

彼の遺骸は聖地喪失後もプロヴァンスに大切に移送され、五百年に亘りそこに留まったものの、惜しくもフランス革命で逸失した。今はただ、その頭蓋のみが、マルタ島の聖ウルスラ修道院に安置されている。

## 海へ漕ぎ出した叔父と甥、
## 第二四代総長ギヨーム・ド・ヴィラレ、第二五代総長フールク・ド・ヴィラレ

騎士団がキプロス島、そしてロードス島へと漕ぎ出し海の騎士団への転身を遂げた時、それを成し遂げた二人の騎士団総長は、叔父と甥の関係にあった。

叔父にあたるギヨーム・ド・ヴィラレはフランス南部に生まれ、その優秀な管理能力により騎士団内で頭角を現すと、三五歳の若さでサン＝ジル大管区長に任命される。そして彼が五五歳の時、聖地喪失という大難局が騎士団を襲い、騎士団は一二九六年にこの能吏を騎士団総長に選出するのである。

ギヨーム・ド・ヴィラレは、その秀才を遺憾なく発揮した。彼は新たな家であるキプロス島を、全ヨーロッパ世界の騎士団勢力のハブとして鳥瞰的に捉えると、所領を七つの言語圏に基づいて区分する制度を確立し、その後数世紀続く軍団制という極めて機能的な統治体系を創設した。騎士団に初めて艦隊提督というポストを設けたのもまた、このギヨームである。

そうしてギヨームは、聖地喪失に動揺する騎士たちを引き締めるため、修道生活の規律を明文化し、騎士団の創設の理念に立ち戻ることを目指した。キプロス島における騎士団の再興を成し遂げた、極めて優れた官僚型騎士団総長であった。

ギヨーム・ド・ヴィラレ

一方、ギヨームが一三〇五年に逝去した時、彼の後を継いで第二五代総長の座についた甥のフールク・ド・ヴィラレほど、その評価が難しい総長は少ない。彼は疑いなく勇猛な騎士であり、叔父の逝去後総長に選出されると、騎士団を率いてロードス島を攻め落とし、その勢いを駆ってカステロリゾ島やボドルム島など周囲の島を次々と手中に収めた。

だが、この領土拡張は、騎士団の財政に大きな負担を強いた。彼の遠征で国庫に空いた穴は、テンプル騎士団の財産の接収をもってしてなお、補うことが出来なかった。そしてフールクはまた、気難しく、威圧的なリーダーでもあった。叔父は部下のために提督という肩書を新たに作ったが、この甥は、自らのために「騎士団長」という肩書を新たに作った。

一三一七年、周囲の不満が頂点に達した時、騎士団内の一派によりフールクに対するクーデターが決行された。自らの邸宅でくつろいでいるところを襲われ、間一髪で暗殺を逃れたフールクであったが、彼がロードスの南に位置するリンドス城に逃げ込んだ頃には、騎士団は次期総長としてヘリオン・ド・ヴィルヌーヴを既に選出していた。

　フールクは、騎士団に初めて領土と民をもたらし、主権国家へと押し上げた立役者である。だが一方、彼の引き起こしたトラブルもまた数知れない。能吏型の叔父と、猪突猛進型の甥。極めて対照的な二人の親類総長であった。

フールク・ド・ヴィラレ

## ドラゴンスレイヤー騎士団総長、第二七代総長ディードン・ド・ゴゾン

　ファンタジーに登場する騎士物語の花形と言えば、やはり竜殺し〈ドラゴンスレイヤー〉ではないだろうか。そんな幻想譚《たん》の産物と思われる英雄行を現実に成し遂げた、と伝わる総長が聖ヨハネ騎士団には存在する。第二七代騎士団総長ディードン・ド・ゴゾンである。

　その伝承はこう始まる。ロードスの街の少し南に位置する聖ステファン山の麓《ふもと》に、一匹のドラゴンが巣を作り、田舎の乙女たちが次々と喰われ犠牲になっていた。見かねた幾人ものロードス騎士が義侠心にかられ征伐に挑んだものの、いずれも力及ばず命を落とし、遂には騎士団総長からドラゴンには手を出してはならぬという命令が下されてしまった。

　しかし血気盛んな若き騎士ディードン・ド・ゴゾンは、そんな命令に服従するつもりは毛頭なかった。彼はドラゴンを実際に目撃した農民に繰り返し聞き込みを行うと、手作りで竜の模型を作り上げ、自らの忠実なる飼い犬とともに日々鍛錬に励んだ。そうしてある夏の暑い日、白銀の甲冑に身を固めたディードンは、単身谷に乗り込むと遂に竜の隠れ家を見つけ、愛犬が竜の気を引く間にその心臓を一突きし、大怪我を負いながらもこれを殺したのであった。

この命令違反により、規律を重んじる第二六代総長ヘリオン・ド・ヴィルヌーヴはディードンを騎士団から追放した。それ自体はディードンにとっては想定の範囲内であり、覚悟の上であった。しかし彼の想定を超えたのは、この追放劇に対する、農民や騎士たちによる猛反発の声であった。彼は、いつしか島全体の英雄になっていたのであった。ヘリオン・ド・ヴィルヌーヴはこれに折れ、とうとうディードンを騎士団に復帰させねばならなかった。そしてディードンはその名声により、一三四六年、そのまま騎士団総長の座に上り詰めたのであった。

この逸話の真偽はともかく、興味深いのは、史実として第二七代騎士団総長ディードン・ド・ゴゾンの存在は疑うことが出来ないという点である。もしかしたら歴史の真実は、湖に住み着いた大蛇やナイルワニを彼が退治したという辺りかもしれないし、今や神のみぞ知るところである。ただ唯一確かなのは、今日でもマルタ騎士団の大書庫には、「ドラゴン・スレイヤー騎士団総長ディードン・ド・ゴゾン卿《きょう》」に関する記録が、多く残されているということである。

## カリブ海の騎士、第五七代総長ジャン・バティスト・ラスカリス・ド・カステラー

総長ヴァレットの獅子奮迅の生涯と、その後のマルタ島の繁栄は改めて触れる必要もないであろう。ここでは、その栄華の裏で、素行の悪い部下に唆され、マルタ騎士団を地中海から遥か遠くの南米カリブ海へ漕ぎ出させる大冒険に乗り出した総長について書きたい。

この総長の名はジャン・バティスト・ラスカリス・ド・カステラーと言う。彼はビザンツ帝国皇帝と血縁ある由緒正しき伯爵家の生まれであり、二四歳で騎士団の一員となると

ディードン・ド・ゴゾン

ジャン・バティスト・ラスカリス・ド・カステラー

戦闘とは無縁な後方勤務を続け、穀物の供給や騎士たちの修道生活の管理などを担当していた。だが、一六三六年に総長選挙が行われた時、票が割れた結果として思いもかけず彼は第五七代総長に選出されたのである。

この現場を知らない総長を焚き付けた、破天荒なポアンシーという騎士が、問題の根源であった。このフランス騎士は、カリブ海の島々を代理統治する総督の任をフランス国王から拝命しておきながら、赴任するや瞬く間に堕落し、まるで自らが専制君主かのような生活を始める。そうして、彼にとって天佑とも言えるタイミングでフランスのカリブ海における植民地支配が破綻し、これら島々の権益が宙に浮いた時、贅を尽くした自らの生活を維持するため、ポアンシーはすり寄る相手を総長に定めた。

優等生総長ラスカリス・ド・カステラーは、この類の輩と付き合ったことがなかったのであろうか。ポアンシーに言いくるめられたラスカリスは、セント・クリストファー島、セント・マーチン島、サン・バルテルミー島、セント・クロイ島の四島の権益を、マルタ騎士団として言い値で買い取ったのである。マルタ騎士の一団が植民地統治のため遥か遠いカリブ海の島々に派遣され、カリブ海の騎士として、これらの島の開発に乗り出した。その一方で総長は、引き続きポアンシーに総督として振る舞うことを許した。

だが、このカリブ海への冒険の結果マルタ騎士団が得たのは、膨大な借金と、思うように上がらない植民地収益、そして度重なる反乱による頭痛のみであった。ラスカリスの死後、たった一四年の統治の後、騎士団は島々を早々とフランスに返還し、騎士団の短いカリブ海生活は幕を閉じた。

今日では、サン・バルテルミー島の紋章に記されたマルタ十字のみが、マルタ騎士団統治の痕跡を残している。

## 老闘士、第六四代総長ラモン・ペレル

この男の人生は、始まりから終わりに至るまで戦いで彩られている。

アラゴン王国の名門公爵家に生まれたラモン・ペレルは、家訓に従い一六歳でマルタ騎士団に入団すると、常に総長の側近として出世街道を邁進した、エリート中のエリート騎士である。そんな彼が一六九七年、満を

持して第六四代総長に選出された時、彼は既に六〇歳になっていた。

還暦を迎えたこの総長が就任後最初に断行したのは、騎士団内の汚職と腐敗の一掃であった。彼は一部の汚職騎士が袖の下と引き換えに高官の地位を得て、騎士団の戒律に反し故郷で引退生活を営んでいる実情を暴くと、教皇インノケンティウス一二世に直訴するという荒療治に出てこの悪習を根絶した。

そして内部の膿を出し切るや否や、ペレルはその矛先をオスマン帝国に向け、ガレー船団を自ら指揮してイスラム海賊と日々戦闘を繰り広げ、一方でその戦利品の利益をもって最新の大型船の建造を次々と進めた。こうして、一隻あたり五〇門を数える大砲を搭載した最新鋭の大型船団が一七〇六年に進水したとき、七〇歳に差し掛かったペレルに率いられた騎士団艦隊は、アルジェリア・オラン包囲戦、ゴゾ防衛戦、イタリア・カラブリア沖での海戦と、負けを知らなかった。

驚くことにラモンは、八十路に差し掛かってもなお気力盛んで、一七一六年に開戦した第七次オスマン＝ヴェネツィア戦争にも騎士団艦隊を派遣し、終戦まで戦い抜いている。この戦争でキリスト教側の勝利を見届けた二年後、この総長は八二歳でその生涯を閉じた。その任期の全てを戦いに捧げた、老闘士であった。

ラモン・ペレル

## 現代の総長、第八〇代総長ジャコモ・デッラ・トッレ・デル・テンピオ・ディ・サングィネット

この総長列伝の最後は、第八〇代総長ジャコモ・デッラ・トッレ・デル・テンピオ・ディ・サングィネットで締めよう。現代のマルタ騎士団総長がどういったものかをご覧頂くために。

ジャコモ・デッラ・トッレ・デル・テンピオ・ディ・サングィネット

デッラ・トッレは一九四四年、代々教皇庁と結びつきの深いローマの伯爵家に生まれた。彼は名門ローマ・ラ・サピエンツァ

大学でキリスト教考古学を修めると、教皇庁立ウルバヌス大学で教鞭を取り、中世美術史の研究に没頭した。デッラ・トッレはまた趣味の音楽の分野でも素人離れした見識を有していたようで、その知識はある新聞から「天才的」と評されている。

そんな貴族学者デッラ・トッレにマルタ騎士という使命が舞い降りたのは、四一歳の時であった。彼は入団後、修道誓願を立てて数少ない第一階級の騎士へと昇叙し、そこからは五一歳でロンバルディア＝ヴェネツィア大管区長、五五歳で主権評議会議員、そして六〇歳で宗務総監と、騎士団内の要職を歴任することになる。

そんなデッラ・トッレが、ローマ大管区長を務めていた七三歳の時である。第七九代総長であるマシュー・フェスティングが、当時の外務総監アルブレヒト・フォン・ボーゼラガーを一方的に解任しようとしたことにより騎士団上層部に内紛が勃発、教皇庁の介入を招く事態となってしまう。結果的にフェスティングは二〇一六年に総長を辞任し、その跡を継ぐため選出されたのが、デッラ・トッレであった。デッラ・トッレは第八〇代総長として、教皇庁と調整を重ね、マルタ騎士団の改革を断行するという極めて難しい任務に粉骨砕身し、その重責を表すかのように僅か二年後に七五歳で帰天した。

デッラ・トッレの尽力で緒に就いた騎士団の改革は、彼の死後、騎士団憲法の改正が二〇二二年九月に成されたことにより、ようやく完成を見た。騎士団総長に平民出身者がつくことを初めて認め、そして総長を終身でなく五年任期と定めたこの新憲法は、教皇フランシスコにより公布された。そして本稿執筆中の二〇二三年五月三日、第八一代総長としてカナダ人のジョン・ダンラップが選出された。騎士団の歴史の中で初めてとなる、非ヨーロッパ人かつ平民出身の総長の誕生であった。

## 歴代総長一覧

騎士団の創設者である福者ジェラール以下の歴代全総長は以下の通り。なお、総長空位中は、騎士団は総長補佐官または代理官により統治されるが、これらの氏名については省略した。表中の記号／は「または」を表している。

## 歴代総長一覧

| | | |
|---|---|---|
| 初代 | 福者ジェラール | 1080～1120年頃 |
| 2 | レイモン・デュ・ピュイ | 1120～1158／60年 |
| 3 | オージェ・デ・バルベン | 1158／60～1162／3年 |
| 4 | アルノー・ド・コンプス | 1162／3年頃に短期間 |
| 5 | ジルベール・ダサイリ | 1163～1169／70年 |
| 6 | カスト・デ・ミュロス | 1170年頃～1172年頃 |
| 7 | ジュベール | 1172年頃～1177年頃 |
| 8 | ロジェ・デ・ムーラン | 1177～1187年 |
| 9 | エルメンガルド・ダスプ | 1188～1189／90年 |
| 10 | ガルニエ・ド・ナプルース | 1189／90～1192年 |
| 11 | ジョフロワ・ド・ドンジェン | 1192／3～1202年 |
| 12 | アフォンソ・デ・ポルトガル | 1202～1206年 |
| 13 | ジェフロワ・ル・ラット | 1206～1207年 |
| 14 | ガラン・ド・モンタイグ | 1207～1227／8年 |
| 15 | ベルトラン・ド・テシー | 1228～1231年 |
| 16 | ゲラン・ルブラン | 1231～1236年頃 |
| 17 | ベルトラン・ド・コンプス | 1236～1239／40年 |
| 18 | ピエール・ド・ヴィエル・ブリュード | 1239／40～1242年 |
| 19 | ギヨーム・ド・シャトーヌフ | 1242～1258年 |
| 20 | ユーグ・ド・ルヴェル | 1258～1277年 |
| 21 | ニコラ・ロルグネ | 1277／8～1285／6年 |
| 22 | ジャン・ド・ヴィリエ | 1285／6～1293／4年頃 |
| 23 | オドン・ド・パン | 1294～1296年 |
| 24 | ギヨーム・ド・ヴィラレ | 1296～1305年 |
| 25 | フールク・ド・ヴィラレ | 1305～1317年 |
| 26 | ヘリオン・ド・ヴィルヌーヴ | 1317～1346年 |
| 27 | ディードン・ド・ゴゾン | 1346～1353年 |
| 28 | ピエール・ド・コルニャン | 1353～1355年 |
| 29 | ロジェ・ド・パン | 1355～1365年 |
| 30 | レイモンド・ベレンジェ | 1365～1374年 |
| 31 | ロバート・デ・ジュイリィ | 1374～1377年 |
| 32 | フアン・フェルナンデス・デ・ヘレディア | 1377～1396年 |
| 33 | リッカルド・カラッチョロ | 1383～1395年（対立総長） |
| 34 | フィリベール・ド・ナイラック | 1396～1421年 |
| 35 | アントニオ・デ・フルヴィア | 1421～1437年 |
| 36 | ジャン・ド・ラスティック | 1437～1454年 |
| 37 | ジャック・ド・ミリー | 1454～1461年 |
| 38 | ライムンド・ザコスタ | 1461～1467年 |
| 39 | ジョヴァン・バッティスタ・オルシーニ | 1467～1476年 |
| 40 | ピエール・ドビュッソン | 1476～1503年 |
| 41 | エメリー・ダンボワーズ | 1503～1512年 |
| 42 | ギイ・ド・ブランシュフォール | 1512～1513年 |

| | | |
|---|---|---|
| 43 | ファブリツィオ・デ・カレット | 1513〜1521年 |
| 44 | フィリップ・ヴィリエ・ド・リラダン | 1521〜1534年 |
| 45 | ピエトリーノ・デ・ポンテ | 1534〜1535年 |
| 46 | ディディエ・ド・ソロン・サン・ジャル | 1535〜1536年 |
| 47 | フアン・デ・ホメデス | 1536〜1553年 |
| 48 | クロード・ド・ラ・セングレ | 1553〜1557年 |
| 49 | ジャン・パリゾ・ド・ラ・ヴァレット | 1557〜1568年 |
| 50 | ピエトロ・デ・モンテ | 1568〜1572年 |
| 51 | ジャン・レヴェスク・ド・ラ・カシエール | 1572〜1582年 |
| 52 | ユーグ・ルーベンクス・ド・ヴェルデール | 1582〜1595年 |
| 53 | マルティン・ガルゼス | 1595〜1601年 |
| 54 | アロフ・ド・ウィニャクール | 1601〜1622年 |
| 55 | ルイス・メンデス・デ・ヴァスコンセロス | 1622〜1623年 |
| 56 | アントワーヌ・ド・ポール | 1623〜1636年 |
| 57 | ジャン・バティスト・ラスカリス・ド・カステラー | 1636〜1657年 |
| 58 | マルタン・ド・ルダン | 1657〜1660年 |
| 59 | アネット・ド・クレルモン・ド・シャトー・ゲッサン | 1660〜1660年 |
| 60 | ラファエル・コトネル | 1660〜1663年 |
| 61 | ニコラ・コトネル | 1663〜1680年 |
| 62 | グレゴリオ・カラファ・デッラ・ロッチェラ | 1680〜1690年 |
| 63 | アドリアン・ド・ヴィニャクール | 1690〜1697年 |
| 64 | ラモン・ペレル | 1697〜1720年 |
| 65 | マルカントニオ・ゾンダダリ | 1720〜1722年 |
| 66 | アントニオ・マノエル・デ・ビリヘナ | 1722〜1736年 |
| 67 | ラモン・デスプイグ | 1736〜1741年 |
| 68 | マヌエル・ピント・ダ・フォンセカ | 1741〜1773年 |
| 69 | フランシスコ・シメネス・デ・テキサダ | 1773〜1775年 |
| 70 | エマニュエル・ド・ローハン・ポルデュック | 1775〜1797年 |
| 71 | フェルディナンド・フォン・ホムペッシュ | 1797〜1799年 |
| 72 | ロシア皇帝パーヴェル一世 | 1799〜1801年（事実上） |
| （総長空位　1801〜1803年） | | |
| 73 | ジョヴァンニ・バティスタ・トンマジ | 1803〜1805年 |
| （総長空位　1805〜1879年） | | |
| 74 | ジョン・バプティスト・チェスキ・ア・サンタ・クローチェ | 1879〜1905年 |
| 75 | ガレアッツォ・フォン・トゥーン・ホーエンシュタイン | 1905〜1931年 |
| 76 | ルドヴィコ・チギ・アルバーニ・デッラ・ローヴェレ | 1931〜1951年 |
| （総長空位　1951〜1961年） | | |
| 77 | アンジェロ・デ・モジャーナ・ディ・コローニャ | 1961〜1988年 |
| 78 | アンドリュー・バーティ | 1988〜2008年 |
| 79 | マシュー・フェスティング | 2008〜2017年 |
| 80 | ジャコモ・デッラ・トッレ・デル・テンピオ・ディ・サングィネット | 2018〜2020年 |
| （総長空位　2020〜2023年） | | |
| 81 | ジョン・ダンラップ | 2023年〜 |

# 歴史第十章　衰退（マルタ島・1675-1798）

この世のものは須《すべか》らく盛者必衰の理から逃れ得ないと知りつつもなお、マルタ騎士団の衰退には一抹の寂しさを感じざるを得ない。マルタ騎士団という、歴史を超え活躍を続けた主権国家の名声は、創設から六〇〇年の時を経て、今やその絶頂にあった。ならばこそ、その退廃は必然であったのかもしれない。

## 理性の時代の騎士団

騎士団が地中海で名声を極めていたその頃、ヨーロッパ本土では大きな地殻変動が起きようとしていた。ルネサンス以降、自然科学が発展し、知識の中心が宗教からアカデミーなど学術へと移っていったのである。そうして一七世紀、ジャン＝ジャック・ルソーやジョン・ロックら思想家たちが誕生した時、ヨーロッパ人はその歴史で初めて知性を聖書や神学から切り離し、理性によって世界を把握する自由を獲得した。啓蒙時代という、理性の時代の始まりであった。

マルタ騎士団の存在基盤そのものが、足元から崩れようとしていた。変わってしまったのはマルタ騎士団ではなく、世界の方であった。

マルタ島という当時のヨーロッパ世界でもっとも保守的な閉鎖社会でさえ、この大きな潮流から自らを隔絶するには、あまりに本土に近すぎた。新任騎士がヨーロッパ本土からやって来る度、この進んだ思想はマルタ騎士たちにも少しずつ流布した。宗教が異なるというただそれだけの理由で互いに殺し合う教義に疑問を抱く騎士たちが増えたことは、時代の必然でもあり、長老たちの頭痛の種でもあった。

加えてこの頃のヨーロッパ本土の貴族の生活は、禁欲主義の対極に位置するものであった。酒、買春、賭博、決闘こそが若き貴族の余暇の過ごし方であった時代である。彼らが新参騎士としてマルタ島に着任した時、その生活習慣を突然中世の十字軍の時代まで戻すことを期待するのはどだい無理な話であった。「イスラム教徒と戦う騎士たちが築いたこの要塞都市は、今やスペイン、イタリア、シチリア、レパントの美女で溢れ、トリポリやチュニジアの妖艶な黒髪が、聖人以外には抗《あらが》い得ない強烈な誘惑を放っている……」と同時代の歴史家ポーターは書き残している。そうして一七世紀後半にマルタ島で梅毒が蔓延したことは、マルタ騎士たちに決して「聖人」が多くなかった事実を指し示しているのであった。

「騎士たる者、その地位や階級に関係なく、良からぬ女性を扶養したり、関係したり、交際したりしてはならない。……この悪行をやめるよう上官から三度警告を受けた後、四〇日間改善の見られない騎士は、管区長であれば自らの管区を、騎士であればその序列を失うものとする」この規則は、明らかに死文と化していた。港には、艦隊の出港がある度に、それを見送る娼婦が列を連ねたと記録されているのだから。

### 新参国家との摩擦

こうして騎士たちが怠惰な生活を送る一方、ヨーロッパ本土では、「ネーデルラント連邦共和国」

「イギリス帝国」などという海洋国家が次々と誕生していた。そしてこれらの新参国は、ヨーロッパの国々がこの信仰の守護者に有してきた尊敬の念を、どうやら持ち合わせていなかった。

一六七五年のイギリス帝国アシスタンス号の航海日誌には、マルタ島に補給のため立ち寄った際、上陸に健康診断書が必要であると告げたマルタ騎士に対し、船長が「貴兄が欲しい『健康診断書』ってのは、この鉛玉のことか？」と短銃で脅しつけて罷《まか》り通った逸話が、自慢気に書き残されている。かつては軍団の一つとしてマルタ騎士団の背骨を支えていたイギリスであったが、いつしかカトリックからも、騎士団からも遠く離れてしまっていた。

事実、イギリス帝国海軍からこけにされても仕方のないほど、マルタ騎士団の地中海における軍事力は急速に低下していた。一七〇七年におけるイギリス帝国海軍艦隊が約一三〇隻の戦艦と約五〇隻の巡洋艦で構成されていたのに対し、マルタ騎士団の艦隊は僅か五隻の戦艦と、地中海では時代遅れと化しつつあった五隻のガレー船のみになっていた。

そしてイスラム海賊が下火になり、故に必然的に騎士団の海上警察行動からの上がりが減少していたこの時代、この数の艦隊でさえも、マルタ騎士団には維持が難しくなりつつあった。一七～一八世紀の騎士団総長であったラモン・ペレルは二五万スクードという莫大な私財を投じ艦隊の維持に全力を尽くしたほどである。さらにマルタ騎士団は、ジェノヴァ銀行から多額の融資を受け、返済のためマルタ全土の島民に課税をせねばならなかった。

## 存在理由の消失

こうして理性の時代にあってなお、騎士団の幹部の心が未だ十字軍に捉われ続けていたことには哀

フロリアナ防壁

コトネラ防壁

愁の念を感じざるを得ない。これをもっとも良く表すのは、一八世紀に至ってなお騎士団がマルタ島の要塞化に巨額の財を投じ続けた事実である。フロリアナ防壁、コトネラ防壁など、島の規模からすれば長城とさえ呼べるほどの壮大な要塞計画が代々の騎士団総長により提案され、ただでさえ逼迫《ひっぱく》していた騎士団の財政を一層圧迫した。

　こうした防壁の多くは、先の大包囲戦の教訓に基づいて建設されていた。あの時、ここにあと一つ防塁があれば、あと一つ塔があれば……、そんな騎士団の積年の想いに基づいて綿密に設計された防壁であったが、それがもはや前時代の遺物であることを一体何人の総長が気づいていたであろうか？

　客観的に世界を見通す能力を備えた指導者であれば、一八世紀の地中海において、もはやイスラム教徒がマルタ騎士団の脅威では無いことは明白に判断し得たであろう。一八世紀半ばの産業革命により急速な近代化を成し遂げたヨーロッパ諸国の国力は、今やオスマン帝国とは比較にならなくなっていた。かつてマルタ騎士団の最大の好敵手であり、帝国の軍事的成功の中核を担ったイェニチェリ軍団は、世襲化が進み、もはや既得権益に固まった旧世代の組織に成り下がっていた。
ただマルタ騎士団のみが、オスマン帝国にイスラムの脅威を見ては、理性の時代にもなおその亡霊を相手に防備を続けていたのであった。

## 凋落する騎士団

この新しい時代に、マルタ騎士団が時代にも、収入にも見合わない生活を送っていることは明らかであった。ヨーロッパ諸国が産業革命による近代化と富国強兵にいそしんでいる一方で、マルタ騎士団は二〇〇年前のイスラムとの戦いの中に生き城壁の建設に忙殺されていた。吹く風が変わっていることに、地中海の騎士たちは気づいていなかった。そして風向きは、島内でもその向きを変えつつあった。

この時期、一七四一年から七三年まで、騎士団の歴史でも最長となる三二年間の長期に亘って騎士団総長の座にあったマヌエル・ピント・ダ・フォンセカという男がいた。彼は、頭脳明晰で、補佐官を置かず、九二歳で死去するまで騎士団の全てを独りで差配した。ピントの治世の晩年を目撃したパトリック・ブライドンは、「彼はもう二〇年以上もこの特異な小国の長《おさ》を務めている。……騎士団総長ながら、彼は普通の国家の王より絶対的であり、より絶大な権力を有している」と記録している。そして総長は、カトリックの教えを厳格に守る禁欲主義者であり、若い騎士たちの先進思想も、異端も許容しない原理主義者でもあった。

ピントの長期治世下において、騎士団の衰退は加速した。その責をピント一人に帰することは酷かもしれない。しかし、総長の絶対的で保守的な三〇年を超える君臨が、若い騎士たちの野心を確実に挫き、騎士団内の雰囲気を停滞させたことは事実であった。そして何より、権威主義的で禁欲的なピントの治世は、マルタ島の民衆の騎士団に対する支持を決定的に損ねた。遂には、島の奴隷による一斉反乱の企てがなされるまでに、騎士団は民衆と乖離《かいり》してしまうのである。幸いこの陰謀は未然に防がれたが、家政婦からガレー船の漕手まで、あらゆる奴隷が手を組んで反乱を企てていた衝撃は大きかった。首謀格六〇人が絞首刑に処され、これがさらにピントの不人気を決定的なものとした。

ピントが遂に帰天した時、彼は横領、暴飲暴食、性的スキャンダルなどありとあらゆる中傷を受けた。その多くは根拠のない誹謗であっただろうが、潔癖な男にしてはあまりに哀しい最期であった。もし生まれる時代が違ったなら、ピントは高潔な騎士団総長として尊敬され、優れた総長の一人として記憶されたかもしれない。だが、ピントにとって不幸なことに、時代は一二世紀でなく、一八世紀であった。

ピントが帰天した後も、騎士団の民衆との隔絶は埋まるところを知らなかった。島を長年支えた騎士団によるイスラム船からの戦利品収入は、いつしか途絶えていた。財政を補うために税金は徐々に重くなり、とうとう、庶民の主食であるパンにまで税金が課される有様であった。そうして聖職者にまで抑圧の手が及ぶに至った時、次なる反乱が、マルタ騎士団が護ることを責務として課された、聖職者その人たちによって主導された。

一七七五年、騎士団艦隊の留守を狙った聖職者たちによって仕掛けられた大反乱は、聖エルモ砦を奪取するまでに成功した。結局は民衆を動員できず鎮圧された反乱軍ではあったが、マルタ騎士団という信仰の守護者が、他ならぬ聖職者により反旗を翻された事実は、騎士団の凋落を何よりも雄弁に物語っていた。

## 貴族と平民

一連の退廃を振り返った時、マルタ騎士団がマルタ島の地を失うことは、もはやその引き金が何であれ、時間の問題であったと言えよう。

歴史においてその引き金を引いたのは、フランス革命であった。キリスト教の守護者たる騎士団に引導を渡したのが、イスラム教徒でなく、キリスト教徒の市民であったことには、歴史の皮肉を感じざるを得ない。

一七八九年七月一四日、バスティーユ牢獄襲撃によってフランス革命の幕が上がった。それは、国王と宮廷貴族、そして高位聖職者によって固められたアンシャン・レジーム（旧体制）に対する第三身分、即ち平民の怒濤の如き下剋上であった。翌年六月には国民議会によって身分制の廃止が宣言され、フランスから貴族が消滅し、代わって全国民の平等な「市民」が誕生した。中世ヨーロッパで一千年以上をかけ構築された身分という社会装置が消滅するのに、たった一年しかかからなかったことになる。

このフランスの地における貴族と平民の闘争に、マルタ騎士団は愚直にも介入した。この時期のフランスでは、貴族たちの首がまるで農作物を収穫するかの如く、毎週のようにその胴体から離れていた。そして、誇り高き貴族社会の筆頭として、マルタ騎士団がその存亡を懸け貴族側へ加担したことは、彼らの理論からいえば当然だったのかもしれない。だがしかし、マルタ騎士団がルイ一六世の国外逃亡の企てに五〇万フランの支出をしたことが明らかとなった時、騎士団は「市民」の敵となった。

新たに成立した憲法制定国民議会は、マルタ騎士団の免税特権の剥奪を満場一致で可決した。一一一三年から認められ続けてきた騎士団の特権が、フランスにおいて消滅した。そして直後には「貴族であることを入団条件とする以上、マルタ騎士団に所属するフランス人は、現時点をもってフランス国民とは見なされない」という法令が可決し、追い打ちをかけた。

そして一七九二年九月一九日、遂に騎士団もまたフランス革命の断頭台に登る時がきた。フランス国内からマルタ騎士団を追放し、全ての領地と財産は没収され、国庫に編入される決定が下されたのである。創設以来、騎士団の最も大きな支柱であったフランスを失った瞬間であった。

騎士団にとって、これが崩壊に向けた蟻の一穴となった。

**ナポレオン**

フランス革命の騒乱の中で、彗星の如くその頭角を表した若者が居る。言わずと知れた、ナポレオン・ボナパルトその人である。一七六九年コルシカ島に生まれたこの男がフランス革命を経験したのは二〇歳、砲兵士官としてであった。一度はコルシカ島から追放されたナポレオンだが、この追放は英傑にとっては寧ろ広大な世界への解放に他ならなかった。類まれな戦略眼を戦場で次々と発揮したナポレオンは、弱冠二四歳で旅団准将、二六歳で師団中将に昇進すると、遂には国民軍司令官の地位にまで瞬く間に上り詰める。フランス革命を打ち砕くためヨーロッパ諸国により結成された第一次対仏大同盟をオーストリアで破った時、この若き英雄への大衆の人気は熱狂的なまでに高まっていた。

そんな英雄ナポレオンが、残る敵であるイギリスとの戦争に向け、制海権を握るために打った戦略の次なる一手が、結果的にマルタ騎士団に終局をもたらすことになった。それは、イギリスのインドとの命脈とも言える貿易網を断ち切ることを目的とした、エジプトの攻略作戦であった。地球儀上でフランスからエジプトへと引かれた直線の上には、不運なことにマルタという地中海の島が乗っていた。

フランス本土でマルタ騎士団の接収が決定された当時でさえ、マルタ島にはフランス軍団が三つまで存在し、その騎士数はおよそ二〇〇名という最大勢力であった。そして彼らの中にも、若き英雄ナポレオンに心酔する者は居たのであった。「マルタ騎士団は支持基盤を失い、国庫は尽き、総長フェルディナンド・フォン・ホムペッシュは優柔不断の凡俗である」こうナポレオンに内通したのは、そんなシンパの一人であった。マルタ攻略の機が熟したことは、ナポレオンの目にも明らかだった。

こうしてナポレオンは、エジプト遠征の初手として、時代の遺物で満ち溢れたマルタという島を、自らの手中に収めることを決意した。

一七九八年四月一二日、総裁政府によりマルタ島攻略の命令が発布された。永遠の敵であるイスラムでなく、かつて十字軍の中核を率いたフランスが、マルタ騎士団最後の敵となった。七〇〇年の時が、全てを変えてしまっていた。マルタ島で止まっていた時空の針が、ナポレオンという一人の男によって再び進められる日が近づいていた。

## マルタ島の失陥

晩年のマルタ騎士団の哀しい現実は、倦怠感が全ての騎士たちの心を覆っていたということである。歴史家ホイットワース・ポーターはこう書いている。「ヨーロッパ全土で戦争の準備の音が喧しい中、マルタ島のみが、無関心で怠惰な平穏の中に沈んでいた」

当時の騎士団総長は、騎士団の歴史でも最悪と悪名高いフェルディナンド・フォン・ホムペッシュである。彼は本来、決して総長に選ばれるべき人物では無かった。だが、フランス革命によりフランス人騎士が総長候補から外され、同様にイタリア軍団も政治的に除外され、イングランド軍団はもはや存在せず、最後に残されたのが、これまで総長を輩出したことのないドイツ軍団のみであったのである。そうした経緯で、弱腰の外交官であるホムペッシュを総長に選出したことは、騎士団の汚点の一つと言えよう。過去の難局において発揮されたあの危機管理能力は、もはやそこには無かった。

ホムペッシュは騎士団の情報網によってナポレオンがエジプト遠征の途上にマルタ島を攻略するという値千金の機密がもたらされてなお、何の行動も起こさなかった。まるで島全体が、過去の栄光と、「金のマルタ、銀のマルタ、白金のマルタ」が永劫不可侵であるという催眠術にかかっていたかのようであった。初夏、島全体が夏の陽光に照らされる中、このドイツ人総長は、ただ騎士団総長宮殿の日陰で安寧と座っていた。

一七九八年六月九日、全盛期のスレイマン大帝でさえ想像も出来ないようなフランス大艦艇が水平線を埋め尽くす様を見た時、騎士たちの胸中にはどんな思いが去来しただろうか？　この遠征に、ナポレオンは読み物として一冊のコーラン（クルアーン）を携えていた。何世紀にも亘ってイスラムの攻勢に耐え続けたこの騎士団にとどめを刺すのが、ムハンマドの言行録を読みつつ上陸の準備を進めるフランス人であったというのは、運命のいたずらと言うほかない。

ナポレオンの指揮下で艦隊が整然と全島に上陸を始めてもなお、各砦を守護する軍団には総長から何の命令も届いていなかった。ロデリック・カヴァレイロによれば、マルタ騎士の一割以上が老齢か病気で剣も持てない有様で、「一〇〇年近く儀礼以外に使用されていなかった旧時代の銃が運び出されたが、その火薬は腐り、弾丸は不良品であった」

日暮れには、歴代の総長がその財の限りを注ぎ込んで建設された城壁が、各地でまるで紙のように突破された。城下では、自由・平等・博愛を表すフランス共和国旗を掲げた特使たちが、民衆に対して封建主義の遺産を捨て、自由と解放に加われと宣伝して回っていた。

総長は、城下の喧騒をはっきりとその耳に聞きつつも、ただ明かりも灯さず一人宮殿に座し、何の抵抗も示さなかった。

だが実のところは、彼とて、むざむざ外国の軍隊にマルタ島の地を踏みにじらせるほど腰抜けでは無かった。しかしマルタ騎士団には、「キリスト教徒に害を為すべからず」との規律があった。それは、カトリック教徒として、一一一三年の創設から七世紀に亘って守られてきた絶対の教えであった。明かりも灯さず、ただホコリが舞う執務室で、フォン・ホムペッシュは自らがマルタ島最後の騎士団総長になるのだという思いを苦々しく噛み締めていた。

そうして、イスラム教徒を相手に二五〇年間もの間守護され続けてきた、この栄光ある島は、僅か三六時間で陥ちた。

六月一二日、ヴァレッタに入城したナポレオンは、予想もしないその要塞の規模に驚き、後に回顧録でこう記している。「マルタはたった二四時間の砲撃にさえ耐えることが出来なかった。……物理的な防備は完璧であった。だが、精神的な防備が無かったのである」

ナポレオンのマルタ島滞在は、たった六日であった。世界を股にかける彼の頭の中に、マルタ島という地中海の小さな島が占める場所も、七〇〇年続く信仰の守護者に対する信仰心も存在しなかった。

ナポレオンは僅かな人数の守備隊をマルタ島に残すと、騎士団の有した財宝の数々を船に積み、脇目も振らずエジプト遠征へと発った。奇しくもそれは、甲冑に傷一つつける間もないまま降伏した騎士たちが、マルタ島を追放されたのと同じ日であった。

南に進路を取った若き英傑は、エジプトで彼を待つ戦場へと急ぎ、そして後に皇帝となった。逆に北に進路を取った騎士団総長は、三度その家を失った喪失感を胸中に、無気力な眼でかつて自らの海であった地中海を睥睨《へいげい》しつつ本土へと漂流した。あまりに対照的な、二人の指導者の行く末であった。

# 歴史第十一章　漂流（ヨーロッパ・1798-1834）

## 失楽園

マルタ騎士団の漂流を考える時、遥か遠き島国日本の歴史との類似性に思いを馳せないわけにはいかない。一八五三年の黒船来航に慌てふためき国を開いた日本という封建国は、自国がいつしか世界の進歩に取り残された歴史の遺物となっていることに気づき啞然とした。マルタ騎士団もまた、ナポレオン来航によりマルタという居場所を喪失して初めて、近代ヨーロッパにこの貴族組織の居場所が無いことに思い至ったのかもしれない。ペリー来航に先駆けること五〇年、マルタ騎士団は自己喪失の危機を迎えていた。

当時の知識人たちは、この時代遅れの貴族集団が、近代化への大きな渦の中でその輪郭を失うことをもはや自明と見ていた。一九世紀の作家フランシス・コーニッシュの手による次の文は、冷笑的過ぎるとは言え、正鵠《せいこく》を射ているかもしれない。「あらゆる騎士団の歴史は須《すべか》らく次の類型に当てはまる。十字軍において類まれなる武勇を発揮する。名声と富が流入し、出自へのプライドが芽生え、いつしか貴族クラブへと成り下がる。各騎士団には歴史上で輝かしい役割を果たす舞台が一度だけ与えられ、その後は貴族社会のお飾りとなり、武勇の栄光を一抹《いちまつ》残しつつ老衰し、若き貴族の御曹司の権威付けのための箔《はく》となり下がる」

だが、この皮肉家でさえ、この一節をこう締めくくっている。「今日ではただマルタ騎士団のみが、その歴史の栄光に相応しい威厳を保つのみである。彼らだけには、これより良い運命が待つことを祈ろうではないか」と。

コーニッシュの祈りは確かに聞き届けられた。このマルタ騎士団という組織がその後三度、不死鳥のように現代に復活したことは、もはや奇跡以外の何物でもない。だがこの奇跡に行き着くまでに、騎士団はとても長い漂流の時代を経なければならなかった。

マルタ島を失った騎士たちを待っていたのは、離散の運命であった。騎士団総長フェルディナンド・フォン・ホムペッシュはオーストリア領トリエステへと逃れた。そして、その総長の制御の及ばない地で、マルタ騎士団の歴史は大きく狂わされようとしていた。その地とは、ロシアであった。

## ロシア・コネクション

基盤を一夜にして失い絶望の淵にあった騎士団総長に、絶妙なタイミングで付け入った人物が居た。大帝エカテリーナ二世の跡を継いでロシア帝位に就いていた、ロシア皇帝パーヴェル一世であった。皇帝は結果的に、善意を見せて近づき、弱みに付け込み、最後はこれを乗っ取るという、あたかも詐欺師として満点の立ち振る舞いをすることになるのだが、皇帝自身には全くそのつもりが無かった点に歴史の面白みがある。

パーヴェル一世は、幼い時から読み物として、マルタ騎士団の歴史の読み聞かせを繰り返しせがむ子供であった。彼は順当にもマルタ騎士団とその騎士道に異常なまでの憧憬を抱く大人へと成長し、事あるごとに公の場でマルタ騎士団を賛美した。つまるところが、地位を備えた、マルタ騎士団の熱狂的な一ファンであった。

　そうしてフランス革命によりマルタ騎士団の基盤が破砕された時、騎士団とロシア皇帝、その双方の利害が一致したのである。総長はロシア皇帝に対し、有名無実化していたポーランド大管区を、その保護下に置いて貰えないかと打診した。これに皇帝は二つ返事で応じると、ポーランド大管区は名前のみはそのままにサンクトペテルブルクへと移転され、見返りとして皇帝から一〇八もの小管区と三〇万フローリンもの寄進が騎士団に与えられたのであった。

パーヴェル一世の命で作られた騎士団総長座（エルミタージュ美術館収蔵）

　マルタ騎士団が、カトリック教徒でなく、ロシア正教徒であるロシア皇帝の保護下に、一部とはいえ入った瞬間であった。マルタ騎士団は返礼としてロシア皇帝に贈呈した。「マルタ騎士団の庇護者」という肩書をロシア皇帝に贈呈した。パーヴェル一世は、この予期しなかった贈物に飛び上がらんばかりに喜んだという。

　客観的に見て、売官行為に他ならなかった。「何のことはない、マルタ騎士団は金に困ってその管区と肩書を売り払ったのだ」とは当時の歴史家の言である。そして、この後ろ暗いロシア・コネクションは、マルタ島の失陥によって一層加速した。

　マルタ島を失い騎士団が漂流し、ヨーロッパの指導者たちから見捨てられた時、一部の騎士たちが無力な騎士団総長を見限ってこの「騎士団の庇護者」に保護を求めたのは、いわば当然の流れであったと言えよう。そもそも敵に砦を明け渡した騎士は、その鎧と兜《かぶと》を失う規則であった。一体、ナポレオンの前に無様に島を明け渡した総長を、総長として扱う必要がどこにあるだろうか？

こうして「ポーランド大管区」の騎士たちに持ち上げられ、自身もその気になってしまったパーヴェル一世は、とうとう、自らをマルタ騎士団総長であると一方的に宣言した。規定に定められた選出手続きも踏まれなければ、ローマ教皇の同意もなく、そもそも皇帝はカトリック教徒でさえなく、何よりも正統な騎士団総長フェルディナンド・フォン・ホムペッシュがトリエステに在位する中での暴挙であった。一七九八年九月、マルタ島の失陥から僅か三ヶ月後のことである。

ホムペッシュはこの不法な総長位の簒奪《さんだつ》に必死で抗ったものの、都を落ち、周囲の支援を失ったかつての指導者に選択肢は残されていなかった。彼は圧力に屈すると最終的には自ら総長を辞任し、フランスのモンペリエで貧しく不名誉な生涯を終えた。

こうして、十字軍以来カトリックの守護者としてその誇りを貫いてきたマルタ騎士団が、正教徒のロシア皇帝を総長に戴き、サンクトペテルブルクに本部を置く、暗黒の数年間が到来した。パーヴェル一世はカトリック教徒でもない臣下やお気に入りを次々と一存でマルタ騎士に叙任すると、遂には愛妾のロプーヒナにまでマルタ騎士の位を授けた。皇帝は総長の地位に異常なまでの執着を示し、その統治中、職人に命じて数え切れない数の黄金のマルタ騎士団総長座を製作させている。

だが結局、その総長座のいずれにも腰を落ち着ける暇もなく、パーヴェル一世は一八〇一年、ロシアの将来を憂える臣下の一団に暗殺された。自らの配下に時代遅れの騎士道を無理強いし、マルタ騎士団総長として、マルタ島を巡ったイギリスとの全面戦争に突入しようとした結果の最期であった。暗殺者の一団には、パーヴェル一世によって「マルタ騎士」の身分を授けられた臣下も四人含まれていたというから皮肉である。ある意味、パーヴェル一世自身も、マルタ騎士団に魅惑され、命を落とした被害者であったと言えるのかもしれない。もっとも、本当の意味での被害者は、パーヴェル一世側についた配下たちとマルタ騎士団であったろうが。

跡を継いで帝座に登ったアレクサンドル一世が、父がこれほどまで憧憬したマルタ騎士団に、何の関心も抱いていなかったことで、騎士団は救われた。アレクサンドル一世はマルタ騎士団の統治を正常な在り方に戻すよう命じ、騎士団はようやくロシアの呪縛《じゅばく》から解放されたのであった。

## 遅すぎた総長

一八〇三年、ローマ教皇ピウス六世は、第七三代マルタ騎士団総長にジョヴァンニ・バティスタ・トンマジを指名した。騎士団はその指名とともに、仮の住まいをサンクトペテルブルクからシチリア島カターニアに移した。五年間のロシアでの悪夢を経て、ようやくマルタ騎士団が正常な統治に戻った瞬間であった。トンマジは長年艦隊司令官の地位にあったイタリア騎士であり、もし政治的な事情が許していたならば、ホムペッシュの代わりに騎士団総長の座にあったはずの人物であった。

ヨーロッパ中に離散した騎士たちは、マルタ騎士団のマルタ島への復帰についての必死の働きかけを各所で行っていた。そんな外交的働きかけが実り、一八〇二年にイギリスとフランスの間で締結されたアミアン講和条約に次の一文が盛り込まれた時、騎士たちは天にも昇るばかりであったに違いない。「マルタ島はマルタ騎士団の手に返還され、その国家主権は国際的に認められ、以降中立を保つものとする」これこそ、騎士たちの望む全てであった。

だが、これはあまりにも出来すぎた条文であったのかもしれない。結局、この講和条約で定められた条項は遵守される間もなく、翌年再び英仏は戦争に突入することになる。天から地に叩き落されたトンマジの落胆たるや、相当なものであった。

マルタ島の支配権は、さらなる戦争を経てフランスからイギリスに移った。そしてイギリスは、マルタ島には何ら価値を感じていなかったものの、フランスに島を譲り渡さないというその一念で、決してその領有権を放棄しようとはしなかった。

そして一方のフランスもまた、自己中心性では変わることがなく、マルタ騎士団がイギリスから武力でマルタ島を奪還するなら一〇万スクードを資金援助しよう、などと申し出ている。

総長トンマジは大国の下らないエゴにただ呆れると、自らの手で愛するマルタ島を奪回することを決意し、ナポリ王フェルディナンド四世から艦隊を借り受ける約束を取り付ける。残念ながら、怖気《おじけ》づいたフェルディナンド四世により土壇場で中止命令が出されてしまうのだが、ホムペッシュの行動との対比はこれ以上ないほど鮮明である。

歴史にイフは無いと言うが、もし、トンマジがあと五年早く騎士団総長の座にあったならば、今でもマルタ島は騎士団領であったかもしれないと思われてならない。遅すぎた総長であった。

一八〇五年、トンマジが死去すると、その後七〇年余りに亘り、マルタ騎士団は総長を空席としたまま、総長補佐官によって統治する時代が続いた。栄えある「大公にしてマルタ騎士団総長」という肩書は、流浪の騎士団にはあまりに重すぎた。

## 没落

この時期流浪の身となったマルタ騎士団に、実に様々な人物がそれぞれの思惑を携えて近づき、この家なき子を自らの利益に利用しようと試みている。ローマ教皇庁は、自らの武力闘争における戦力としてマルタ騎士団を利用しようと幾度となく接触してきたし、スウェーデン王グスタフス四世は、騎士団を配下に置くことを意図してバルト海ゴットランド島の賃借を提案している。そして野心に溢れすぎた騎士バリ・カラッチョロ・ディ・サン・フランシスコはロシアと組んで勝手に騎士の称号を配り、五度にも亘って総長の座を狙った。魑魅魍魎《ちみもうりょう》が騎士団を囲むように跋扈《ばっこ》していた。騎士団はただ、それらの食い物にならないよう、頭を下げていることだけで精一杯であった。

そうこうしている間も、マルタ騎士団が数世紀に亘り維持してきたヨーロッパ全土での権益と拠点は、まるで金属が強酸に蝕まれるように次々と侵食されていった。

一八〇九年には教皇領に所在したマルタ騎士団の土地と財産の殆《ほとん》どが没収され、翌一八一〇年には、問題がありつつも騎士団の財政を支えていた在ロシアの管区が失われた。ポルトガルとボヘミアの管区は、毎年のように繰り返されるフランスの侵攻に巻き込まれ、もはや残骸が残るのみであった。

マルタ騎士団の運命を繋ぎ留める糸は、もはや限界に達していた。だが騎士団の命脈が尽きそうになったまさにその時、ヨーロッパに再び地殻変動が起こった。一八一四年、皇帝ナポレオンの失脚であった。

## 見果てぬ夢

ナポレオンという新時代を象徴した彗星の退場とともに、騎士団にとって最後となる領土回復の機会が訪れた。ローマで、フランスで、古い封建体制への復古の兆しが見えていた。

だが、騎士団の未来にとってもっとも重要であったこの瞬間に、騎士団総長の位が空位であり、さらに外交の舞台で活動出来る騎士が数十名規模まで減っていたことが、この最後の好機を逸失させた。

ナポレオン亡き後の国際秩序を議論するため招集された「会議は踊る、されど進まず」で有名な一八一四年開始のウィーン会議。オーストリア帝国、ロシア帝国、プロイセン王国、フランス王国、イギリス連合王国……と列強諸国の力による強烈な利権配分の場に、マルタ騎士団が唱える道徳と正義の入り込む隙間は無かった。ウィーン会議に派遣されたマルタ騎士団使節団は、それでもなんとか会議での影響を増し、アミアン講和条約の履行、ギリシア・イオニア諸島の獲得、マルタ島失陥への金銭補償の要求など、自らの主張を通そうと様々な角度から外交交渉を必死に試みたものの、どれも無残なまでに失敗した。

こうして一八一五年にナポレオンがエルバ島から脱出しフランスに舞い戻り、慌ただしくウィーン会議が解散した時、マルタ騎士団の手元には何一つ残されていなかった。肩を落として帰路につく使節団には、同情の声でなく、その非力さを軽蔑する声が投げかけられた。

騎士団は、このウィーン会議での「敗戦」を受け直ちに次なる外交戦に向け態勢を立て直し、ローマ教皇に対し騎士団総長の復帰を打診するべきであった。だが、騎士カラッチョロの権力闘争による内紛などで時間を浪費した騎士団は、結果的にそれを為すことが出来なかった。

こうして、再度訪れた一八二二年のヴェローナ会議において、熱弁虚しく、マルタ島はイギリスにより植民地支配されることが確定した。ここに、マルタ騎士団がマルタ島へ復帰する一縷《いちる》の望みは絶たれたのであった。

但し、国際社会へのこの必死の訴えかけも、完全なる徒労では無かった。騎士たちは、次のささやかな、だが現代まで続く極めて重要な一文を引き出していた。「マルタ騎士団が、領土なき現在もなお国家主権を継続して有していることを確認する」と。この一文が、その後二〇〇年間マルタ騎士団の国際法上の基盤を与えた。「領土なき独立国」、マルタ騎士団の誕生であった。

## レゾンデートル

この時期のマルタ騎士団の一挙手一投足を細かく詳述することは、とても生産的な取り組みとは思われない。それほど、新たな構想が毎月のように模索されては、袋小路に行き当たり、泡の如く消えることが飽きること無く繰り返された。特に騎士たちが全ヨーロッパを駆けずり回って行った壮絶な金策の数々は、まるで倒産間近の自転車操業の会社を見るかのようで、貴族組織には似つかわしくないプロレタリア文学が如き悲哀の色彩を帯びている。

いずれにせよ、マルタ島という家に帰還する道を完全に絶たれた騎士たちは、ロードス、マルタに続く第三の島を求めて全世界を駆け回った。懐かしのエーゲ海から、エルバ島、ミノルカ島、リッサ島などアドリア海、果ては遥か北のバルト海まで様々な島々が検討され、そこに再び主権国家を樹立出来ないかと交渉が粘り強く進められた。

しかし、国際社会というものは、常に冷酷である。如何にかつては西洋世界でもっとも強大な政治力と名誉を持った組織といえども、今や見る影もなく衰退したマルタ騎士団に、どれだけ辺境の地であっても島や岬を譲り渡そうとする君主は一人も居なかった。

騎士団は、四肢から血を流すかのようにその団員数を減らし、不動産も一つ、また一つと失い、仮住いを点々とした。そして遂に一八三一年一〇月一五日、最後にただ一つ残されたフェラーラの修道院の閉鎖が決定する。既に、修道院で修道生活を送る騎士はボルジア家の騎士二名のみという有様であった。こうして、一一八七年の聖都エルサレムの陥落以来で初めて、マルタ騎士団は、地上に修道院を一つとして持たない状態に陥ったのである。

ここに来て残された数少ないマルタ騎士たちは、立ち止まり、自らのレゾンデートル（存在意義）を熟考せざるを得なかった。

マルタ騎士団とは、何であったのであろうか。そしてその存在意義とは、何であったか？元々、地中海世界で認識され、故に騎士団の支持者が有力者の間に存在し続けてきたのは、北アフリカ・バルバリー海賊に対する海上警察としての役割であった。だが一八三〇年にフランスがアルジェを占領し、続いてオスマン帝国が一八三五年にトリポリを併合するに当たり、この意義もまた失われていた。

こうして、表面的な、世俗的な期待が剝がれ落ちた時、ようやく、マルタ騎士団は、自らの真のレゾンデートルを再認識することになる。それは、この混迷期にマルセリュス伯爵によって為された次の大評議会演説に凝縮されている。

「この輝かしい騎士団は決して滅びることはない。それは我らマルタ騎士団こそ、美徳そのもの、信仰そのものであり、また宗教、正義、不幸な人々を守るために献身しているからである。そしてその中心にある、騎士団が守護する全ての健全な教えが、時代の流れや革命の混乱に打ち勝つ、生命の精神を吹き込んでいるからである。この歴史と威厳ある騎士団は、弱い者、貧しい者、虐げられている者に、いつまでも守護のマントを提供するだろう。キリストの墓の上にその生を与えられた我ら騎士団は、そこに不滅の根を得たことを再び思い起こそうではないか」

## ローマへの帰還

こうしてマルタ騎士団が自らのレゾンデートルを再び見出した時、騎士団の真の復興が、ローマにおいて始まった。

ローマ、コンドッティ通り六八。観光名所スペイン階段を望むローマでも有数の高級街に、一八三四年、マルタ騎士団はその本部を移すことを決意した。それはもはや、数々の騎士館や、騎士たちが兵装を整える武器庫、軍議を開く大ホールなど望まないという意思表示でもあった。マルタ騎士団はその軍事任務から離れ、自らの原点、即ち「病院騎士団」への全面的な回帰を遂に決意したのであった。

人も、また組織も、奈落の底を知っている者は強い。マルタ騎士団のローマ移転直前の騎士総数は二〇〇名余りと推計され、たった三六年前のマルタ島失陥直前の十分の一に過ぎない。ここが、マルタ騎士団にとって、どん底であった。だからこそ、ここからは這い上がる一方なのであった。

マルタ騎士団は、一一世紀にその旅路を始めた場所に戻って来た。ゼロからの再スタートであった。

# 歴史第十二章　再起（ローマ・1834-2012）

## 再び戦場へ

こうしてマルタ騎士団がローマに帰還した時、その基盤は原型を留めないほどに引き裂かれ、歴史と名声は風化し、その存続は風前の灯火《ともしび》であった。だからこそ、ここからの物語は、キリスト教世界でもっとも勇名を馳せたこの組織が、消滅寸前から復活し、不滅の地位を築いたという驚くべき物語となる。

その歴史的な転換点となる瞬間が、ローマに本部を移転して三〇年後の一八六四年に訪れた。プロセイン・オーストリア連合軍とデンマークが衝突する、デンマーク戦争の勃発であった。この戦争は、マルタ騎士団がその歴史で経験した星の数ほどある戦場の一つに過ぎない。だが、この戦場がこれまでの戦場と決定的に異なる点が一つあった。それは、その歴史で初めて、マルタ騎士団が武器を帯びず、丸腰で参戦した戦争となった点であった。

二万人近い戦死者を出すことになるこの凄惨な塹壕《ざんごう》戦において、病院騎士たちは躊躇《ためら》うことなく最前線に赴くと、その真価を発揮した。銃弾飛び交う前線で、まだ戦時医療の概念も確立されていないこの時代、マルタ騎士団は数百人規模の医療者、看護師、聖職者からなる大規模医療団を展開したのである。

ここにマルタ騎士団は、近代社会におけるその役割を、そして自らの本質を、危険を省みぬ医療奉仕の中に再確立した。マルタ騎士の献身の信念が、戦場に立ち並ぶ無数の野戦病院として、地上に顕現した瞬間であった。

イスラム教徒を相手に戦いバラードに歌われたあのマルタ騎士団が近代に蘇り、今度は身に寸鉄も帯びず、銃弾をかい潜り敵味方問わず一心不乱に治療に当たるその姿に、人々は遠く失われた騎士道精神の残り香を感じた。

続く一八六六年の普墺戦争でも活躍したマルタ騎士団は、赤十字と並ぶ医療支援における第一人者の地位を確立し、歴史の舞台に再登場を果たした。信仰と救貧の守護者、マルタ騎士団。国際医療団体として、そして人道支援機関としての、再出発であった。

## 再定義

医療支援団体としての再興を契機に、一八七九年、ローマ教皇レオ一三世によって、八一年ぶりに名誉ある「大公にしてマルタ騎士団総長」のポストの回復が宣言された。ほぼ一世紀ぶりの第七四代総長として教皇によって任命されたのは、イタリア騎士ジョン・バプティスト・チェスキ・ア・サンタ・クローチェ。彼の双肩には、歴史ある騎士団の再興という重責がかかっていた。

総長がまず乗り出したのは、おおよそ時代に即しているとは言い難かった騎士団の近代化であった。こうして着手されたのが、過去八世紀もの間、騎士団の存在の中核に据えられ続けてきた次の鉄の掟の改革であった。「マルタ騎士団への入団は、貴族家系に限られる」「マルタ騎士は修道誓願（独身、私有財産の放棄、命令への服従）を立て、修道士としての生活を送る」これは、マルタ騎士団をマルタ騎士団たらしめてきた、その絶対的根幹であった。

だがチェスキ・ア・サンタ・クローチェは、ここで大鉈《おおなた》をふるう。それは、十字軍以来で初めてとなる、自らの再定義であった。

確かに騎士団では一七世紀以降、特別な功績が認められた場合に限り、平民出身の従士であっても、特例として騎士に引き上げられる特権が騎士団総長に与えられていた。この特例は、ごく稀とはいえ、高貴な生まれを伴わない者をマルタ騎士団の一員に迎える前例を拓いていた。チェスキ・ア・サンタ・クローチェは、この特権をより活用する流れに先鞭をつけたのである。以降、時代を追うにつれて、人道支援に功績ある市民社会のリーダーがマルタ騎士団へと迎え入れられる例が増えるようになる。こうした騎士は、正統な血統によって叙任された「正義の騎士〈ナイト・オブ・ジャスティス〉」に対し、恵みによって叙任を受けたことを示す「主の恩寵の騎士〈ナイト・オブ・マジストラル・グレース〉」と呼ばれた。新たな血は、騎士団の活性化に大いに貢献した——とはいえ、統計学者の推計によれば、一九一八年頃までの騎士団員の非貴族出身の割合は僅か一〇パーセントに過ぎなかったようだが。

そんな貴族や血統などという表層的な要件より、ずっと重要であったマルタ騎士団の根幹的なアイデンティティーこそ、「マルタ騎士団員たる者は、全ての騎士が修道誓願を立て、修道士としての生活を送る」という規律であった。これは、カトリック教会に認可された「騎士修道会」として、当然求められた要件でもあった。

だが、この修道誓願が時代とともになし崩し的に弛緩していたのは、当時既に衆人の知る所であった。なにしろ、貴族出身の若き貴公子で溢れていたマルタ騎士団である。彼らが家の事情によって、予期せず結婚し家督を継ぐことになる例は、ありふれていた。そしてこうした場合であっても、マルタ騎士の地位返上を求めないことが、古くからの慣例だったのである。

この緩みは留まることを知らず、マルタ島失陥以降に至っては、多くの管区で、数年間の修道生活を送りさえすれば、残りの人生は俗世で通常通り生活して良いという慣例が確立していた。

サンタ・クローチェは、この半ば形骸化していた修道誓願の義務を、大胆にも正式に廃止したのである。「騎士であり修道士」というマルタ騎士団の八〇〇年続く価値観の根底を書き換える、勇気ある決断であった。

これ以降、修道誓願は騎士の自発的選択により立てるものとされ、在俗のままマルタ騎士となる第三の新しい道が開かれた。在俗のまま叙任された騎士は「献身の騎士〈ナイト・オブ・デヴォーション〉」と呼ばれた。ここに、修道誓願を立てることを自ら選択した「正義の騎士」、在俗のまま血統により叙任された「献身の騎士」、そして市民から功績により取り立てられた「主の恩寵の騎士」という、現代まで続く騎士の三分類が確立したのであった。

これにより、修道士のみが所属を許される管区以外に、在俗の騎士たちが所属する新たな組織の必要性が生じる。こうして、各国の在俗の騎士である「献身の騎士」および「主の恩寵の騎士」のみで構成される新組織「国家支部」が創設された。

貴族社会の保守的な層は、十字軍以来の誇りあるカトリックの伝統を、世俗という塗料で上塗りするかのようなこの変節を大いに嘆いた。だがこのチェスキ・ア・サンタ・クローチェの戦略眼が正しかったことを、後の歴史は証明している。これ以降マルタ騎士団は、まるで堰《せき》を切ったように、ヨーロッパ全土へ、そして世界へと波及し、拡大の一途を辿ることになるのだから。

一九〇五年、チェスキ・ア・サンタ・クローチェは帰天した。彼の治世中にマルタ騎士数は倍増し、イタリア国家支部、ドイツ国家支部、スペイン国家支部、フランス国家支部が発足し、財政基盤と社会的地位の強化が為された。だがサンタ・クローチェは、もう一つ何より重要な次の功績を騎士団にもたらしていた。それは、騎士団の医療支援体制の飛躍的な強化であった。

### 病院ネットワーク

ロードス島、マルタ島における騎士団の歴史を振り返った時、その再建が為されたと判断される一里塚が、島内での大病院の開院にあるように感じる。この基準で見るならば、一八世紀末のマルタ騎士団は、目の覚めるような再建を成し遂げていた。騎士団は、ヨーロッパ本土での病院建設を成し遂げた。それも、一つ二つでなく、その一つ上の桁《けた》で。

お膝元であるイタリアでは、騎士団はナポリとミラノに二つの常設市民病院を開設した。ここでは市民のみならず、戦傷者のケアが重点的に行われた。さらに大陸だけでもフレンスブルク、ラッヘルヴィッツ、トレブニッツ、リブニク、クンツェンドルフ、ブレスラウ、フリードランド、シュルガスト、ライヒタールと九つの病院が開院され、ドーヴァー海峡を挟んだイギリスにあっては、ロンドンの聖ヨハネ・聖エリザベス両病院への支援が行われた。

このヨーロッパにおける病院ネットワークと並び、騎士団の精神上において重要であったのは、聖都エルサレムにおける病院開設であった。騎士団の発祥の地であり、福者ジェラールが医療を行った地に、マルタ騎士団は再び舞い戻ることを得た。エルサレム・タントゥールの騎士団総合病院には外来で三〇〇〇人の患者が訪れ、計一万五〇〇〇件の症例が扱われ、一〇〇人を超える入院患者が看護された。

さらにこの強固な医療体制を基盤に、マルタ騎士団は戦場だけでなく、災害時の緊急人道支援においても、その危険を省みぬ献身の真価を証明した。一九〇八年、イタリア・カラブリア地方が大地震に見舞われた時、ミラノの騎士団病院列車は直ちに南下し、ローマ、ミラノの病院列車と合流すると、病院船をメッシーナに停泊させ、多面的な緊急人道医療支援を展開したのである。さらに一九一一年から一二年にかけてのイタリア＝トルコ戦争においても、マルタ騎士団の病院船レジーナ・マルゲリータがリビアに七度も航海し、一万二〇〇〇人の負傷者を搬送している。

こうして、過去にヨーロッパ全土に城塞によるネットワークを築いたマルタ騎士団は、近代には病院によるネットワークを築いた。それは、騎士道精神と、救貧と信仰の守護者という、騎士団が時代を超えて護った信条により築かれた、強固な城塞網であったと言える。

そしてこの城塞網の真価が問われる、試練の時が訪れようとしていた。二度に及ぶ世界大戦の勃発である。

## 第一次世界大戦

一九一四年、サラエヴォで放たれたたった一発の銃弾により始まった人類初の世界大戦において、マルタ騎士団は開戦後僅か三週間で病院列車をセルビア戦線に出発させることを達している。以降、本大戦における騎士団の救護の手は、終戦まで止まることを知らなかった。

マルタ騎士団にとって第一次世界大戦での最大の難局は、ヨーロッパ各国の分断であった。騎士団の各国家支部は、互いが互いの敵国となる状況の下、各々が自身の「国籍と宗教に関わらぬ治療」という騎士団の信念を貫き通した。

同盟国側であったドイツ国家支部は、二編成の病院列車、九つの病院、多数の診療所を大戦を通じて運営し、六〇名の騎士が医療支援に邁進した。さらに一五七名の修道女と三五名の看護師が、フランス占領地における軍病院において奉仕した。

一方、戦線を挟んだ協商国側のフランス国家支部は、フランス軍の撤退により辛酸を嘗《な》めたものの、シャトー＝シャロンに病院を構え、一九一八年六月に爆撃により閉鎖されるまでその運営を続けた。

第一次世界大戦で病院列車を運用するマルタ騎士団

イタリア国家支部もまた、イタリア＝トルコ戦争における経験を活かし、三〇〇名を収容可能な四編成の病院列車を直ちに動員した。さらに、トリアーノの地に一〇〇床を有する野戦病院が設置され、ここで治療された患者数は二〇〇〇名を超えた。加えてローマにおいても、教皇ベネディクト一五世によって教皇庁病院の戦時中の運営がマルタ騎士団に委託され、多くの戦傷者の受け入れが行われた。

一九一八年一一月一一日の終戦までにヨーロッパ全土で行われたマルタ騎士団の医療活動は、もう一つの総力戦と呼ぶに相応しい規模であった。そして、その活動のほとんどが、騎士団員やそれに賛同する個人からの寄附により賄われたことは驚嘆に値する。

## 第二次世界大戦

第一次世界大戦の終戦から僅か二〇年余りで勃発した二度目の世界大戦は、マルタ騎士団にさらなる多大な犠牲を強いた。戦場において四編成の病院列車と数多くの野戦病院を運用したマルタ騎士団は、多くの尊い犠牲者を出した。

だが、第二次世界大戦におけるマルタ騎士団の動きとして何より特筆すべきは、ドイツ国内におけるレジスタンス活動であろう。

第二次世界大戦が勃発する以前から、ナチス政権とマルタ騎士団との間の緊張関係は目に見えて悪化していた。ドイツ貴族の間にはナチズムへの反感が強く、それはマルタ騎士団にも引き継がれていたのである。

開戦前夜の一九三九年七月、ドイツ・ミュンスターで行われていたマルタ騎士団の年次行進をナチスが武力で阻止しようとした時、この行進は政権への政治デモに姿を変えた。この抗議運動の旗手となったのが、マルタ騎士クレメンス・アウグスト・フォン・ガレン司教であり、司教に率いられた騎士たちは当時ナチスの法律で禁じられていた騎士団の制服を身に纏い、弾圧を覚悟で大聖堂の隠し門から出立し、ナチスの眼前で堂々と行進を実施した。ドイツの教会史に名を残す伯爵家の一員であるアウグスト・フォン・ガレン司教は、開戦後もゲシュタポやナチスの政策を非難し続け、「ミュンスターのライオン」と讃えられた。彼は第二次世界大戦を生き残ると、一九四六年に枢機卿に任命され、まもなく死去した。

この大戦でナチスに反旗を翻した勇気あるマルタ騎士団員は、アウグスト・フォン・ガレン司教だけでは無かった。かの有名な一九四四年七月のヒットラー暗殺計画には、マルタ騎士団員が中枢で関わっていた。特にマルタ騎士ミヒャエル・フォン・マトゥシュカ伯爵は首謀者の一人であり、このクーデター計画が惜しくも失敗した後、拷問の末に九月一四日に絞首刑となっている。同じくマルタ騎士であるヨハネス・フォン・フランケン・シエルシュトルフ伯爵も、ナチスのユダヤ人の差別に公然と抗議を続け、七月のヒットラー暗殺計画への関与を疑われ妻とともに獄死を遂げた。加えて、このヒットラー暗殺計画のリーダーであったクラウス・シェンク・フォン・シュタウフェンベルク伯爵もまた、自身はマルタ騎士ではなかったが、何世紀にも亘ってマルタ騎士を輩出する家系の一員であった。

事実、ドイツ在住のマルタ騎士はその多くが貴族であり、故に士官としての第二次世界大戦への従軍義務を免れ得なかった。中には海軍士官となり、Uボート艦長を命じられたマルタ騎士も居たものの、彼らは反ナチスであったヴィルヘルム・カナリス大将の下に密かに連絡を取り合うと、連合国との戦闘を避ける消極的なサボタージュ工作により、密かにレジスタンスを続けていたことが終戦後に明らかになっている。

一九四五年、人類史の暗澹《あんたん》な一章である第二次世界大戦が終結したことで、マルタ騎士団にとってようやく新たな時代の幕が上がった。

## 戦後国際秩序における主権実体

マルタ騎士団の主権は、マルタ島を失った近代以降にあってもオーストリアなど数ヶ国から認められていたものの、「領土なき独立国」という特殊な在り方が国際社会において真の意味で確立されたのは、この第二次世界大戦以降の戦後国際秩序においてであった。大戦後の混迷した国際社会において、マルタ騎士団は、その領土なき独立国としての唯一無二の立場を最大限に活かし、他のいかなる組織にも真似ができない立ち回りを演じてその存在感を強めたのである。

戦後世界が直面した最大の人道的問題は、大戦によって避難した何百万人もの難民の問題であった。中でも、東ヨーロッパから追放され、ドイツに留まっていた難民の問題は深刻であった。

一九四六年七月、マルタ騎士マルゲリットがマルタ騎士団大使に任命され、連合国救済復興機関に対し外交代表として派遣された。騎士団代表団は難民問題につき多くの支援を提供したが、その中に、マルタ騎士団でしかできないある提案が含まれていた。それは、アメリカへの移住を希望する何十万人という難民に対し、マルタ騎士団のパスポートを大量に発行することで、その出国を実現するという提案であった。残念ながらこの提案は実を結ばなかったものの、国際的に中立で、主権を有し、パスポートを発行可能という主権実体たるマルタ騎士団であるからこそ可能なユニークな提案であった。

ヴァチカンの横を飛行するマルタ騎士団イタリア国家支部軍団の輸送編隊

さらに翌一九四七年には、マルタ騎士団はその主権をより大胆な方法で戦後秩序構築に直接的に活用した。戦後、枢軸国であったイタリアは、講和条約によって爆撃機や輸送機の保有をほぼ全面的に禁じられた。この時イタリアは、空軍で所有する航空機について、破壊や第三国への輸出を含めた様々な検討を行った結果、次の驚くような芸当を実行してのけた。それは、空軍保有の爆撃機兼輸送機であるサヴォイア・マルケッティＳＭ82型機編隊の、マルタ騎士団への譲渡であった。

三九機のサヴォイア・マルケッティＳＭ82型機の大編隊は、イタリア空軍からマルタ騎士団へと無償で譲り渡されると、「マルタ騎士団イタリア国家支部軍団」の所属機体として、機体にはマルタ騎士団の国籍マークが堂々と塗装された。パイロットとメカニックはイタリア空軍からマルタ騎士団に「出向」し、空軍物資の輸送とマルタ騎士団病院の患者の輸送とに、イタリアの空で縦横無尽に活躍した。主権を有する騎士団であるからこそ可能になった、離れ業であった。この航空機は後にイタリア空軍に再譲渡されたが、現在でもマルタ騎士団の国籍マークが塗装された機体がイタリア空軍博物館に展示されている。

こうして戦後復興期に当たる一九五〇年代は、マルタ騎士団の活動と外交関係が世界に羽ばたいた飛躍の一〇年であった。この一〇年間で新たに一六ヶ国の政府がマルタ騎士団と外交関係を結び、この人道外交ネットワークは単に儀礼的な役割のみならず、実質的な支援にも大いに貢献した。

### 冷戦終結の引き金

さらにマルタ騎士団は、第二次世界大戦の生み落とした歪んだ秩序である冷戦においても、大国の狭間に忘れ去られた人々に対し人道外交を担い続けた。そうして冷戦終結の引き金に、マルタ騎士団が大きな役割を果たしたことは日本ではほとんど知られていない。

一九八九年七月、ベルリンの壁崩壊前夜。ハンガリー・ブダペストに駐在した西ドイツ大使館は、自由世界への入国を求める数百人の東ドイツ人に包囲され、これが人道的な問題となっていた。ハンガリーの国際赤十字社は、政府との関係悪化を恐れ、日和見《ひよりみ》を決め込んでいた。

そんな折に、在ハンガリー・西ドイツ大使館の外交官に、マルタ騎士が着任していたことが歴史の歯車を動かした。彼は騎士としての矜持に基づき、この人道危機を看過する訳にはいかないと発起すると、マルタ騎士団本部に介入を要請したのである。介入要請から僅か一二時間後にはオーストリア大管区から二〇名の騎士団ボランティアが到着し、そして四八時間後には巨大なテントと救援隊が派遣されると、六〇〇名規模の難民キャンプが瞬く間に設置された。

この大規模な難民キャンプ設立の知らせが東ドイツに伝わると、このキャンプを目指した何千人もの東ドイツ人が、ブダペストに殺到した。ベルリンの壁崩壊へと繋がるドミノの連鎖の一つが、こうしてマルタ騎士団により引き起こされたのである。

在ハンガリー・西ドイツ大使館に設営されたマルタ騎士団難民キャンプ

西ドイツ大使館の窓口からは、秘密裏に、西ドイツへのパスポートが難民に発行された。西側への亡命を手引きしたいと考える西ドイツ国境警備隊は、マルタ騎士団の協力の下で騎士団の制服に身を包んで変装し、キャンプ内に潜入した。一方、東ドイツ秘密警察（シュタージ）は、マルタ騎士団の有する外交特権によりキャンプへの入場を阻まれ、遠巻きに監視するほか無かった。マルタ騎士団の主権を最大限に活かした国際秩序への人道的介入であった。

マルタ騎士の果たした役割はそれに留まらなかった。鉄のカーテンを越えた西側にも、騎士道精神を強く宿したマルタ騎士団員が居たのである。オットー・フォン・ハプスブルク大公その人であった。オーストリア＝ハンガリー帝国最後の皇太子であり、マルタ騎士であるハプスブルク大公は、八月一九日、後にベルリンの壁崩壊を引き起こすことになる「ヨーロッパ・ピクニック計画」を決行する。

これは公式には、「東側世界と西側世界のハンガリー国境で、市民が集いヨーロッパの将来を考えるピクニック」であり、数千人のオーストリア市民とハンガリー市民がハンガリー国境の街ショプロンに集うと、ブラスバンドの演奏をバックに、ビールと食べ物がふるまわれた。

だが、その喧騒の裏で、ハプスブルク大公は、冷戦秩序を崩壊させる大仕掛けを用意していたのである。国境を越えたオーストリア側には、密かに数十台のバスが派遣された。

午後三時、ハンガリー国境の検問所の一部がにわかに開かれると、そこに東ドイツ市民を乗せたバスが横付けされ、乗客は祭典に目もくれずに一目散に国境へと走り出た。次々とバスが到着すると、国境を走り抜けた東ドイツ市民は、オーストリア側に用意されたバスに飛び乗った。

この日のうちに、「ピクニック」を隠れ蓑《みの》に六六一名の東ドイツ市民がオーストリアへの越境に成功し、その後数週間をかけさらに何千人もの東ドイツ人がオーストリアへと渡った。この期間にマルタ騎士団が保護した難民の数は、のべ七万人に達した。

九月一〇日、ハンガリー・ネーメト政権は、オーストリアとの国境の国境管理の停止と全面開放を決定した。こうして東ドイツから次々と若い労働者がハンガリー経由でオーストリアへと出国する動きが加速し、この社会的混乱が遂には一一月九日のベルリンの壁崩壊に繋がるのである。

ベルリンの壁崩壊は、鉄のカーテンを挟んだ二名のマルタ騎士による、蝶々の羽ばたきが引き起こ

国連総会に席を構えるマルタ騎士団代表部

したバタフライ・エフェクトの終着点であったと言うことが出来るかもしれない。

東欧圏の開放の結果として、騎士団の外交関係はさらに爆発的に拡大し、その後新たに五〇ヶ国以上と大使の交換が行われた。そうして一九九四年、第七八代総長アンドリュー・バーティの下でマルタ騎士団に国連における常任オブザーバーの地位が与えられた時、マルタ騎士団の戦後国際秩序への包含は完了した。中世における世界初の国際機関としての任務を果たしたマルタ騎士団が、再び二〇世紀の国際機関の議場に戻った瞬間であった。

# 歴史終章　現代（全世界・2013-）

認可900周年式典に向けサン・ピエトロ広場を更新するマルタ騎士団員

二〇一三年、全世界へと羽ばたいた数千のマルタ騎士が、ヴァチカンに一堂に集った。彼、彼女らは、青空をキャンバスに艶やかな真紅の騎士団旗を翻し、白く輝くマルタ十字を天に示すかのように、誇り高く胸を張りサン・ピエトロ広場を行進した。それは、幾多もの世紀を超え、苦難を乗り越え、だがその騎士道の灯を絶やすこと無くカトリックの礎に帰還した騎士団の、強い自負の現れであったかもしれない。修道院認可九〇〇周年を祝う、華々しい記念式典であった。

マルタ島失陥から二世紀。マルタ騎士団は四度不死鳥の如く蘇り、初代総長福者ジェラールが想像すべくもない全世界を舞台とした組織となって、歴史で最大の規模へと成長していた。流浪の辛酸を嘗めた末の復活であるだけに、騎士たちが燃やす人道支援への熱意の焔《ほのお》は、一

教皇フランシスコとの年次謁見に臨むマルタ騎士団主権評議会

層高く燃え上がったのかもしれない。
　騎士たちは日々新たな地平を目指すと、その歴史で献身が及んでいなかったアフリカ大陸、南北アメリカ、アジア太平洋地域の片隅に至るまで、マルタ十字の掲げられた支援車両を駆った。そして騎士団を、一二〇ヶ国で活動し、全世界に一万三五〇〇名の騎士、九万名のボランティア、五万二〇〇〇名の医療従事者を擁する世界有数の国際慈善団体へと生まれ変わらせたのである。
　記念式典を自ら執り行った教皇ベネディクト一六世は、並み居る騎士たちを前に優しくこう呼びかけた。「あなたがた騎士団が世界の隅々で行っておられる、病者への献身に注力した名誉ある慈愛深い活動の数々は、単なる人道支援の枠を超えた、今日まで息づいたキリストの愛の証しと言えましょう」
　この賛辞に相応しく、マルタ騎士団は中世の封建制度を、近世の啓蒙時代を、近代の市民革命と二度に亘る世界大戦とを生き残り、今日に古の騎士道の灯を繋いだ。そして今なお骨董品でなく、四八の国家支部、一三三の外交団を展開し、一〇〇ヶ国以上と二国間外交関係を有する、血の通った「領土なき国家」として、歴史の舞台に立っているのである。

マルタ騎士団という一千年の歴史絵巻の最後の一ページとして、現代におけるこの騎士たちの全世界に広がる活動の数々を紹介することで、本書の締めくくりとしたい。

## 人道支援活動

マルタ騎士団はその起源である福者ジェラールの聖ヨハネ病院時代から、常に騎士道精神に基づいた「我らの主、病者と貧者」への奉仕をその根幹に置き続けてきた。そして今日でも騎士団は、それぞれの地域のニーズに沿いつつ、助けを求める人々、社会から排除された一二〇ヶ国の人々に支援を提供している。

二〇二三年現在、マルタ騎士団が世界で運営する診療所・医療センターの数は一五〇〇を数え、二〇の総合病院、三三の救急車部隊とボランティア部隊、そして一一〇の老人介護施設を展開する。その人道支援活動の予算は年間約三〇〇〇億円に達し、その規模は小国の国家予算を優に凌ぐものである。その膨大な人道支援活動のごく一部を、大陸別に紹介したい。

今日のヨーロッパにおいて騎士団が提供する人道支援は、難民、移民、障害者、ホームレス、病人、高齢者、薬物中毒者のための支援プログラムが主流となっている。さらに騎士団は、救急講習、健康教育、遠隔地や恵まれない都心部での医療・社会福祉サービス、病院、老人介護施設、障害者輸送、車椅子での食事サービス、リハビリテーションやデイケアセンター、自然災害の支援を行う多くの救

レバノン・マルタ騎士団総合病院

急隊や救援隊を展開している。

　またマルタ騎士団は、アフリカ大陸での人道支援を戦後徐々に拡大し、現在では三〇ヶ国以上で活動を展開している。その内容は広汎に亘り、ＨＩＶ陽性の母子へのケア、マラリアや結核の治療、清潔な水の供給、ヘルスケア、性暴力被害者への保健・社会的ケアなど包括的な人道支援が全土で展開されている。

　南北アメリカでは、病人への訪問診療、シングルマザーや家庭内暴力に苦しむ女性のためのシェルターなど、各国のニーズに即した多数のプログラムが提供されている。また、恵まれない子どもたちの医療支援、炊き出し、経済的困窮にある人々の支援も行っており、囚人やストリートチルドレン、ＨＩＶ陽性の母親や乳児のためのプログラム、ホームレスのためのフードバンクなどが含まれる。

　アジア太平洋地域もまた、戦後にマルタ騎士団の活動が大きく拡大された地域である。その人道支援の中心は自然災害や紛争後の緊急支援、防災対策、国内避難民・難民・ホームレスへの訓練・復興支援である。また、ハンセン病患者のケアや孤児の支援も実施されている。残念ながら、二〇二三年時点において日本では大規模な支援活動は展開されていないものの、東日本大震災においてマルタ騎士団は東北に孤児院を寄贈しており、日本でも小規模ながら重要な活動を実施している。

　さらにマルタ騎士団は、その歴史において辛酸を嘗《な》めたシリア・パレスチナ地方にも再び舞い戻った。今度は武力でなく、支援を携えて。騎士団はレバノンにおいてシリア難民に緊急支援と医療を提供し、障害児のためのプログラムを展開する。加えて騎士団にとってもっとも特別な聖都エルサレムにある騎士団の産院は、全世界の国家支部の共同プロジェクトとして、毎年四〇〇〇人以上の新生児の誕生を扶けている。

## 緊急援助組織として

2021年ヨーロッパ洪水において救難活動を行うマルティザー・インターナショナル

恒常的な医療支援のみならず、突発的な災害や紛争に対応する緊急援助体制を整えていることもまた、今日のマルタ騎士団の重要な側面である。マルタ騎士団はこの緊急援助体制を強化するため、二〇〇五年にドイツ・ケルンを本部とした国際NGOマルティザー・インターナショナルを立ち上げ、医師やボランティアの即応体制を構築した。

マルティザー・インターナショナルの緊急支援部隊は、災害・紛争発生から四八時間以内の全世界への出発を可能とする体制を常時維持しており、二〇一〇年ハイチ地震、二〇一一年アフリカの角〔ソマリア・エチオピア等の地域〕飢饉、二〇一三年台風ハイヤン、二〇一五年ネパール地震、そして二〇一五年のパリおよび二〇二一年のウィーンにおけるテロなど、数々の危機にいち早く駆けつけてきた。二〇二二年のロシアによるウクライナ侵攻にも

南スーダンの飢餓に人道支援を実施するマルティザー・インターナショナル

また、救援隊は危険を顧みず直ちに出発し、騎士団員は砲撃を受けるまさにその地域で防弾チョッキを着て物資支援を行った。

あたかも、鎖帷子《くさりかたびら》を身に纏う聖ヨハネ騎士たちが一二世紀の聖地で住民たちの危機を救うため城塞から出撃した如く、今日でも騎士たちは、人々の助けを求める声に真っ先に出立する存在であり続けているのである。

## 人道外交

何よりマルタ騎士団の国際援助界における立ち位置をユニークたらしめているのが、国際法上認められた主権による人道外交の存在である。

マルタ騎士団は二〇二三年現在、世界一一二ヶ国と二国間外交関係を結び、五ヶ国と公的な関係を持ち、国連を含む多くの国際機関に席を有している。これは一朝一夕に成し得た立ち位置ではない。一千年近い人道支援の歴史と、その確固たる価値観に基づく戦後活動が築き上げた、国際社会からの揺るがぬ信頼の結果である。

こうした外交関係は、各国政府や国際機関への比類ないアクセスと影響力を騎士団に与えている。マルタ騎士団は一〇〇ヶ国以上で認められたパスポートを発行し、大使を交換し、世界に治外法権の地を有し、税関ほかの特権を担保することで、他に介入出来ない領域における人道支援活動を可能とした。そうして世界各地に置かれたマルタ騎士団大使館が、各国の騎士団国家支部やマルティザー・

インターナショナルの展開する人道支援活動を効果的にバックアップする体制が構築されているのである。

さらに、人道外交という世界でマルタ騎士団しか有さないネットワークは、マルタ騎士団が国際政治の場における中立、公平、非政治的な調停役として活躍することを可能とした。騎士団は、中米、クウェート、ルワンダ、東ティモール、アフガニスタン、レバノン、イラク、パレスチナ、ビアフラ、カンボジア、バルカン半島等の紛争地域において、調停役として、平和の実現に貢献を果たしている。

世界で最初の国際機関として、中世ヨーロッパ社会における和平の導き手であった騎士団は、今日でもその役割を変えていない。

ルワンダで人道支援に従事するマルタ騎士団車両

## 二一世紀の騎士団

マルタ騎士団という、領土なき独立国にして、世界有数の人道支援組織。

その長い長い旅路を本書で辿ってこられた方は、この歴史上他に類を見ない組織が、なぜ主権、即ち他国から独立した意思決定を行う最高の統治権を国際法上に認められているかを僅かなりとも納得して頂けたのではないだろうか。

領土はないが国家主権を有する存在は、現在の国際社会においてただマルタ騎士団一つのみである。故に、マルタ騎士団とは何か？

という質問への答えもまた、マルタ騎士団はマルタ騎士団であるという他ない。

一つ確かなことは、その歴史を通じ、不正義の霧を払うかのように白いマルタ十字を掲げ、騎士道の本質を護り抜いた騎士たちの一千年に亘る献身が、国際的に認められた主権として今日に結実したということであろう。マルタ騎士たちは、こう言う。国の価値とは領土ではない。その人道活動の舞台全てこそが、今日のマルタ騎士団の真の版図なのだと。

マルタ騎士たちは今日も世界の隅々で中世騎士道の柔らかな余韻を響かせ、ノブレス・オブリージュを体現し、自らの主たる病者と貧者に献身している。

# 叙説Ⅳ 「領土なき国家」としてのマルタ騎士団

マルタ騎士団は既に領土を有さない。にもかかわらず、独自の政府を有し、一〇〇ヶ国以上と外交関係を樹立し、国連に席を持ち、独自のパスポートを発行する「主権実体」という他に類を見ない国際法上の在り方を確立している。騎士団の一千年に亘る歴史の最新の形であるこの他に類を見ない在り方を、その政治、主権、外交、団員に分けて解説を試みたい。

## 政治

幾度もの憲法改正を経て辿り着いた今日のマルタ騎士団の政治体制は、行政・立法・司法の分権など、現代の他の立憲君主制国家と類似した統治機構を採用している。だが一方で、修道会というカトリック組織としての特色と、一千年に亘る歴史に立脚した難解な部分もまた残されている点が、政治体制を複雑で興味深いものとしている。

### 国号

歴史の初期（第一～三章）において、騎士団は単に「病院騎士〈ナイツ・ホスピタラー〉」「エルサレムの聖ヨハネ騎士」と呼ばれた。それが、ロードス島、マルタ島への移住を契機に「ロードス騎士団」（第四～六章）、「マルタ騎士団」（第七～十章）として知られた。

現在に続く正式名称が形成されたのはマルタ島失陥後（第十一章）であり、一九三六年にローマ教皇の承認を受けて騎士団憲法に正式名称が規定され、その後「病院」が憲法改正で追加されたことで、「エルサレム、ロードスおよびマルタにおける聖ヨハネ主権軍事病院騎士修道会」という現在の国号が誕生した。

略称は、日本語では「マルタ騎士団」。英語では、外交の場においてはSovereign Military Order of Malta（SMOM、マルタ主権軍事騎士団）またはSovereign Order of Malta（マルタ主権騎士団）が用いられ、慈善活動の文脈においては単にOrder of Malta（マルタ騎士団）とする場合が多い。

なお、戦後にイギリスから独立を果たした、現在のマルタ島の統治者であるマルタ共和国との混同を避けるため、国号は略する場合であっても必ず「マルタ騎士団」と騎士団（Order）を付することを定めた内規が存在する。

## 法体系

法体系の観点からは、マルタ騎士団の基本法は全六二条から成るマルタ騎士団憲法であり、直近では教皇庁の同意を得て二〇二二年九月に改正が行われた。この下に全二四二条から成るマルタ騎士団法が整備され、さらに騎士団法においても定めのない事項についてはヴァチカン市国の各法、特にカトリック教会の法である教会法（カノン法）が適用される。

また、騎士が従うべき戒律は、レイモン・デュ・ピュイの一九条戒律以来の長年の伝統に基づき、現行の騎士団憲法と法とに整合した一七六ページに亘る慣習法規として発行されている。

## 元首

マルタ騎士団の元首は騎士団総長であり、総長は元首としての役割と、修道会の宗教的指導者としての役割を共に有する。空位時は総長補佐官が代理を務める。外交上用いられる尊称は「殿下」（英：Most Eminent Highness）である。

選出は騎士団総評議会における選挙により、修道誓願を立てた騎士（正義の騎士）のみに被選挙権がある。

その歴史を通し、総長の任期は終身であり続けてきたが、二〇二二年の憲法改正によって任期が初めて一〇年と有期とされ、さらに初めて貴族以外の騎士にも被選挙権が与えられた。再選は認められており、八五歳を定年とする。

### 中央政府（騎士団総長府）

マルタ騎士団中央政府は、騎士団総長府とも呼ばれ、総長を議長とする多くの評議会から構成される。中でも、行政権は内閣に相当する主権評議会が、立法権は国会に相当する大評議会が、司法権は総長裁判所が担う。

主権評議会――内閣に相当する騎士団の行政府である。四名の総監、修道騎士評議会議員五名、ならびに騎士代表四名を加えた一三名で構成される。各総監は、大評議会によって選出される。

宗務総監――信仰と宗教に関する事項をつかさどる。
外務総監――外交に関する事項をつかさどる。
医務総監――保健衛生および人道援助に関する事項をつかさどる。
財務総監――財政および予算に関する事項をつかさどる。

大評議会――国会に相当する騎士団の最高機関であり、通常六年に一度開催される。大評議会は主権評議会の選出、騎士団憲法および騎士団法の改正を行う。評議員数は約六〇名であるが、その構成は複雑である。議長を務める総長に加え、主権評議会議員一三名、主席司祭、修道騎士評議会により選出される一二名の修道騎士代表と三名の騎士団付司祭代表、一二名の管区長、各管区が二名ずつ選出する管区代表計二四名、国家支部協議会により選出された国家支部長一五名、および団員構成に比例して選出される騎士代表若干名により構成される。二〇一九年に開催された大評議会に出席した評議員数は六二名であった。

総長裁判所――第一審裁判所と控訴裁判所からなり、騎士団内における紛争を解決する。裁判長および二名の裁判官は、騎士団員の中で法学、特に教会法および国際法の学識を有する騎士から任期三年で任命される。

2019年に招集された大評議会

騎士団総評議会――総長の選出のみを目的に、必要時に臨時で招集される評議会である。総長補佐官、主権評議会議員、主席司祭、六名の大管区長、各大管区が二名ずつ選出する一二名の大管区代表、六名の小管区長、国家支部協議会により選出された国家支部長一五名、および団員構成に比例して選出される騎士代表若干名により構成される。

修道騎士評議会――二〇二二年の憲法改正により新設された会議体であり、総長、宗務総監、そして修道騎士代表五名で構成される。その任期は六年で、修道騎士に係る事項に指導権を持つのみならず、自動的に大評議会・主権評議会の議員となり、総長の候補三名を選出する権限を有するなど、大きな影響力を有する。これにより、マルタ騎士団の宗教組織としての側面が大きく強化された。

以上の他に、政務評議会、司法評議会、監事会、広報委員会、騎士団紋章と名称保護委員会などが設置されている。

マルタ騎士団は、ローマの中央政府に加え、修道士である「正義の騎士」と「忠誠の騎士」が所属する一二の管区と、世俗の騎士が所属する全世界の国家支部で構成される。さらに、中央政府外務総監直轄の外交団が各国に派遣されている。

大管区――ローマ大管区、ロンバルディア＝ヴェネツィア大管区、ナポリ・シチリア大管区、オーストリア大管区、ボヘミア大管区、イングランド大管区

小管区――聖ミカエル小管区（ドイツ支部）、聖オリヴァー・プランケット小管区（アイルランド支部）、聖ジョージ・聖ジェームズ小管区（スペイン支部）、聖母フィレルモス小管区（アメリカ連邦支部）、ルルドの聖母小管区（アメリカ西部支部）、無原罪懐胎小管区（オーストラリア支部）

国家支部――ドイツ支部（ラインラント・ウェストファーレン州支部が1859年に、シレジア支部が1867年設立。1993年に両支部が統一）、イギリス支部（1875年設立）、イタリア支部（1877年設立）、スペイン支部（1885年設立）、フランス支部（1891年設立）、オランダ支部（1911年設立）、ポーランド支部（1920年設立）、アメリカ支部（1926年設立）、ポルトガル支部（1899年設立）、ハンガリー支部（1928年設立）、ベルギー支部（1929年設立）、アイルランド支部（1934年設立）、ペルー支部（1951年設立）、アルゼンチン支部（1951年設立）、キューバ支部（1951年設立）、メキシコ支部（1951年設立）、カナダ支部（1952年設立）、アメリカ西部支部（1953年設立）、ニカラグア支部（1954年設立）、ブラジル・サンパウロ支部（1956年設立）、ブラジル・リオデジャネイロ支部（1956年設立）、コロンビア支部（1956年設立）、フィリピン支部（1957年設立）、ベネズエラ支部（1957年設立）、エルサルバドル支部（1958年設立）、スカンジナビア支部（1959年設立）、スイス支部（1961年設立）、ルーマニア支部（1962年設立）、マルタ共和国支部（1965年設立）、ウルグアイ支部（1968年設立）、エクアドル支部（1970年設立）、オーストラリア支部（1974年設立）、アメリカ連邦支

部（1974年設立）、モナコ支部（1974年設立）、グアテマラ支部（1976年設立）、チリ支部（1977年設立）、レバノン支部（1981年設立）、ブラジル・ブラジリア支部（1984年設立）、ドミニカ共和国支部（1994年設立）、ホンジュラス支部（1994年設立）、ボリビア支部（1995年設立）、パナマ支部（2000年設立）、コスタリカ支部（2001年設立）、スロベニア支部（2002年設立）、パラグアイ支部（2004年設立）、シンガポール支部（2006年設立）、セネガル支部（2010年設立）、香港支部（2017年設立）。

### 予算

マルタ騎士団は詳細な財政を公開していないが、人道支援予算は年間約二〇億ユーロ（二〇二一年時点）である。中央政府は、全ての外国勢力から独立した財政体制を担保するため、騎士団が所有する財産からの収入、および騎士一万三五〇〇名からの会費のみにより運営される。

一方、各国家支部とそれらが展開する人道支援活動については、騎士団独自の財源に加え、世界数十万人の個人からの寄附、各国からの補助金、さらに国連等の政府間組織からの支援に基づき運営されている。

## 主　権

今日、マルタ騎士団は領土を有さない。だが、国際法上認められた主権を有する存在として騎士団には様々な特権が外交的に認められ、それは治外法権からパスポートの発行、そして軍隊の保有まで多岐に亘っている。

### 騎士団が治外法権を有する建築物

世界の過半数に当たる一一二ヶ国の国家が、マルタ騎士団と二国間外交関係を結び、この主権を認め、外交団およびその施設に対し外交特権と治外法権を与えている。

故に治外法権を与えられた施設は全世界に数多く存在するのだが、中でも著名なのが、ローマに所在するマルタ宮殿であろう。この建物は騎士団中央政府の座として総長の執務室が置かれ、主権評議会や国賓のレセプションが開催されるのみならず、総長が日常居住する公邸としても用いられている。一六二九年に騎士団に寄贈されたこの建築は、贅を尽くした壁や天井を全面的に覆う漆喰装飾、特別に織られた騎士団の紋章を取り入れた絹織物など、見事な装飾が施されている。

加えてローマ中心部には、風光明媚な庭園を備えた騎士団総長別邸も存在する。この別邸の最上階には大評議場が備えられており、この建築は騎士団の議事堂とも言える。加えてこの別邸に付属する教会は、騎士団の公的な礼拝の場でもある。この邸宅は古くはテンプル騎士団所有であったものが、その解散後聖ヨハネ騎士団に引き継がれた由緒を有しているのだが、もっとも、多くの観光客をこの別邸に惹きつけるのは、その由緒ではなく鍵穴から見られる特別な景色であろう。この別邸正門の鍵穴からは、華麗な総長別邸の庭園と、サン・ピエトロ大聖堂のドームが真正面に覗けるのだから。イタリア共和国、

マルタ騎士団総長別邸

総長別邸鍵穴からの景色

マルタ騎士団、そしてヴァチカン市国という三国をたった一目で見渡せる、貴重な鍵穴である。

ローマ市内にはさらに、フォロ・ロマーノに面して一三世紀にロードス騎士団により建築され、一五〇二年にはオルシーニ枢機卿がチェーザレ・ボルジアに対抗し貴族会議を開催したカーサ・デ・カヴァリエリ・ディ・ロディ（ロードス騎士たちの家）が、今日もマルタ騎士団イタリア支部として存続する。

加えてローマ以外の多数の拠点のうち、治外法権を有する建築物を一つだけ紹介するとすれば、マルタ大包囲戦を最後まで戦い抜いたあの聖アンジェロ砦が挙げられる。二〇〇一年、マルタ騎士団はマルタ共和国政府から聖アンジェロ砦における治外法権を認められ、約二〇〇年ぶりにマルタ島の家に戻った。ここでは、現在でも一名の騎士が実際に砦に居住している。

## マルタ騎士団パスポート、硬貨、そして切手

治外法権と同様に、マルタ騎士団が主権として有してきた権利が、パスポートの発行権である。真紅の騎士団パスポートの存在は、マルタ騎士団が国連や国際赤十字などとその存在において一線を画していることを意味している。マルタ騎士団パスポートは、それのみで国境を越えることが許される正式なパスポートであり、二国間外交関係を有する一〇〇ヶ国以上において有効である。（通称国連パスポートとも呼ばれるレッセ・パッセは、正式にはパスポートでなく、自国籍のパスポートと併せて携行時のみ有効とされる。）

騎士団パスポートの発行対象は主権評議会議員と、各国に派遣される外交団に限られ、その発行総数は二〇二三年現在約四〇〇である。中でも、主権評議会議員保有のパスポートには、国籍の欄に「マルタ騎士団」と明示され、明確に国籍としても騎士団籍を有することを主張している。

さらに、戦後秩序における「主権実体」としての唯一無二とも言える立ち位置が確立するにつれ、マルタ騎士団は自らの主権をより強く認識し、パスポートの発行以外にも主権の行使を積極的に行うようになる。その代表例が、一九六一年の自国通貨スクードの鋳造再開である。今日でもなお一般向けに販売されるこの通貨は、残念ながら現在では使用することはできず、記念品という位置づけである。

他方で、もう一つの主権の行使例である切手発行ならびに郵便事業は、一九六六年に再開されると国際的にも認められ、郵便協定を結ぶEU圏ならびに五〇ヶ国以上への郵送が今日でもなお有効である。騎士団宮殿に設置されたポストに投じられた郵便物は、騎士団の郵便職員の手を経て、世界中に届けられている。

## 軍隊

マルタ騎士団の主権を考える上でもっとも興味深いことの一つは、軍隊の保有かもしれない。

マルタ島失陥後、騎士たちが各地に散り散りとなり崩壊した軍団制であったが、イタリア軍団のみは、最後の努力として、自らの軍団を近代軍隊へと改革する試みを行った。マルタ騎士団イタリア支部軍団という名がつけられたこの部隊は、戦時における活躍が認められ、一九〇九年にイタリア陸軍の正式な補助部隊として国王ヴィットーリオ・エマヌエーレ三世により認可された。

その任務は、戦闘ではなく、戦争、自然災害、緊急事態における医療・人道支援である。マルタ騎士団イタリア支部軍団は、イタリア陸軍と協調し、一九一一年から一二年にかけてのイタリア＝トルコ戦争、一九一五年のマルシカ地震、二度の世界大戦において病院列車や野戦病院の運営など組織的な医療任務を遂行した。そして今日で

マルタ騎士団の鋳造する通貨スクード

マルタ騎士団の発行切手

も、最新の病院列車と数多くの軍用車両を備える四〇〇〇人規模の災害派遣部隊として運用が続けられているのである。

マルタ騎士団イタリア支部軍団は主として医学生などの志願兵で構成され、イタリア陸軍とは別の独自の階級制度を保ち、その装備品にはイタリア国旗でなくマルタ騎士団旗が描かれ、平時には無償医療支援をイタリア国内で提供している。だがひと度イタリア陸軍参謀本部からの要請があったならば、軍人としてその指揮下に入る。ある主権の軍隊が、別の主権の指揮下に組み込まれる、世界でも極めて稀な事例である。

マルタ騎士団イタリア支部軍団

## 外交

騎士団の有する主権と、その行使である人道外交こそ、今日のマルタ騎士団をマルタ騎士団たらしめる最大の要素と言っても過言ではない。マルタ島失陥以降、一時的に一八六〇年から第一次世界大戦終了までオーストリアのみが外交関係を維持した危機的状況が生じたものの、一九三〇年からは教皇庁に再び公使館が置かれ、ここにハンガリー、サンマリノ、ルーマニア、スペインなどが続々と外交関係を樹立した。

二〇二三年現在、マルタ騎士団と二国間外交関係を有する国家数は一一二ヶ国に上る。これらの国には原則としてマルタ騎士団大使館が設置され、マルタ騎士団大使とパスポートを受け入れている。さらに、サンマリノ共和国など、一部の国家はマルタ騎士団を完全な独立国家として承認していることも特記に値する。

これに加え騎士団は、五ヶ国政府と代表部を通じた公的関係を有し、さらに一地域と大使を交換している。また、国連およびその専門機関を始め多くの国際機関に代表部を置き多国間外交を行う。

### 歴史的に騎士団と外交関係を有する国家

以下のヨーロッパ国家は、歴史的にマルタ騎士団と外交関係を有してきた。

教皇庁――一四〇五年以来、騎士団と外交使節団を交換。一八三四年から一九三〇年まで、教皇庁は枢機卿をマルタ騎士団に派遣することで公的関係を維持した。一九三〇年、公使館が再び設置され、現在は全面的な外交関係が再樹立されている。

オーストリア――記録に残るもっとも古い神聖ローマ皇帝へのマルタ騎士団公使の派遣は一五五六年である。この関係は一八〇四年にオーストリア帝国へと引き継がれ、一八六七年のオーストリア＝ハンガリー帝国への改組後も維持された。一九一八年、第一次世界大戦終結による帝国の解体により断絶。一九一九年に改めてオーストリア共和国と外交関係を樹立したものの、一九三八年のオーストリア併合により再び断絶。一九五七年、外交関係が再樹立され今日に至る。

在チェコ共和国マルタ騎士団大使館

ハンガリー――第一次世界大戦終結によるオーストリア＝ハンガリー帝国解体後の一九一九年に外交関係を樹立、第二次世界大戦終戦とともに一九四五年断絶。一九九〇年、外交関係が再樹立され今日に至る。

スペイン――外交使節団の交換は一六世紀から記録に残る。一七九八年マルタ島失陥とともに国交断絶を経て、一九三七年外交関係再樹立。

ポルトガル――一七世紀から国交を有したが、マルタ島失陥後の

一八〇一年に断絶。一九五一年外交関係再樹立。
ロシア――一六九八年から国交を有すも、一八一六年断絶。一九九二年駐在員事務所が設立され外交関係が再樹立された。
ルーマニア――一九三二年に外交関係を樹立するが、一九四七年断絶。一九九〇年、外交関係が再樹立され今日に至る。

**一九三五年以降新たに外交関係を樹立した国家**

一九三五年以降に新たにマルタ騎士団と外交関係を樹立した国家とその樹立年は左ページの通りである。
なお、表中の国家のうち、チェコスロバキアは一九九三年にチェコとスロバキアに分割され、現在両国とも騎士団と外交関係を有している。また、ドイツは一九五一年に代表部を受け入れ政府間の公的関係を構築した後、二〇一七年に正式に外交関係を樹立した。

**代表部レベルで公的関係を有する国家**

以下の国家は外交関係を有していないものの、マルタ騎士団代表部の設置を認めるなど、政府間で公的関係を有する。但し大使は派遣されず、また騎士団パスポートも認めていない。

| 国名 | 公的関係樹立年 |
|---|---|
| フランス | 1924 |
| ベルギー | 1950 |
| スイス | 1960 |
| ルクセンブルク | 1995 |
| カナダ | 2008 |

## 1935年以降新たに外交関係を樹立した国家

| 国　名 | 樹立年 |
|---|---|
| サンマリノ | 1935 |
| ハイチ | 1947 |
| アルゼンチン | 1948 |
| パナマ | 1948 |
| エルサルバドル | 1950 |
| パラグアイ | 1951 |
| ブラジル | 1952 |
| レバノン | 1953 |
| ペルー | 1953 |
| コスタリカ | 1953 |
| ニカラグア | 1953 |
| イタリア | 1956 |
| チリ | 1956 |
| コロンビア | 1957 |
| ドミニカ共和国 | 1957 |
| キューバ | 1959 |
| グアテマラ | 1959 |
| ホンジュラス | 1959 |
| リベリア | 1959 |
| ソマリア | 1961 |
| カメルーン | 1961 |
| ボリビア | 1962 |
| ガボン | 1962 |
| フィリピン | 1965 |
| ウルグアイ | 1965 |
| セネガル | 1965 |
| マルタ | 1966 |
| ベネズエラ | 1970 |
| エチオピア | 1970 |
| ニジェール | 1970 |
| ベナン | 1972 |
| コートジボワール | 1972 |
| トーゴ | 1973 |
| ブルキナファソ | 1973 |
| モーリタニア | 1977 |

| 国　名 | 樹立年 |
|---|---|
| マウリチウス | 1977 |
| エジプト | 1980 |
| 中央アフリカ | 1981 |
| コモロ | 1981 |
| タイ | 1984 |
| コンゴ | 1984 |
| モロッコ | 1986 |
| ギニア | 1986 |
| マリ | 1986 |
| チャド | 1989 |
| ポーランド | 1990 |
| チェコスロバキア | 1990 |
| マダガスカル | 1990 |
| リトアニア | 1992 |
| クロアチア | 1992 |
| スロベニア | 1992 |
| コンゴ共和国 | 1992 |
| セイシェル | 1992 |
| スーダン | 1992 |
| カンボジア | 1993 |
| アルバニア | 1994 |
| ブルガリア | 1994 |
| リヒテンシュタイン | 1994 |
| ラトビア | 1995 |
| ベラルーシ | 1996 |
| マケドニア | 1996 |
| カボベルデ | 1996 |
| エクアットギニア | 1996 |
| ボスニア | 1997 |
| モザンビーク | 1997 |
| ギニアビサウ | 1997 |
| ミクロネシア | 1997 |
| セントビンセントグレナディーン | 1997 |
| サントメ | 1997 |

| 国名 | 樹立年 |
|---|---|
| アルメニア | 1998 |
| ジョージア | 1998 |
| カザフスタン | 1998 |
| エリトリア | 1999 |
| ガイアナ | 1999 |
| スリナム | 1999 |
| セントルシア | 1999 |
| モルドバ | 2000 |
| アフガニスタン | 2000 |
| ベリーズ | 2000 |
| セルビア | 2001 |
| タジキスタン | 2001 |
| マーシャルイズ | 2002 |
| キリバス | 2002 |
| ヨルダン | 2003 |
| アンゴラ | 2005 |
| モンテネグロ | 2006 |
| ティマルレステ | 2006 |
| モナコ | 2007 |
| ケニア | 2007 |
| トルクメニスタン | 2007 |
| ウクライナ | 2008 |
| バハマ | 2008 |
| シエラレオネ | 2008 |
| アンチグアバーブーダ | 2009 |
| ナミビア | 2009 |
| キプロス | 2012 |
| 南スーダン | 2014 |
| グレナダ | 2015 |
| ドイツ | 2017 |
| ナウル | 2018 |
| エストニア | 2020 |
| ギリシア | 2021 |
| レソト | 2021 |

なお、フランスは一五八二年より国交を有していたが、フランス革命により一七九二年に断絶した。その後、一九二四年に改めて公的関係が樹立されている。

### 大使レベルでの関係を有する地域

パレスチナとマルタ騎士団は二〇一一年より大使の交換を行っている。

### マルタ騎士団の多国間外交

マルタ騎士団は一九九四年八月二四日、国際連合総会常任オブザーバーの地位を得た。これは「その他の実体」としての加盟であり、これは国際赤十字委員会に次ぐ二例目であった。これと前後して、騎士団にはWHOやIAEAを始めとする多くの専門機関・関連機関におけるオブザーバーの地位が与えられた。マルタ騎士団が代表部を置く国連ならびにその専門機関は以下の通りである。

国連ニューヨーク本部、国連ジュネーヴ事務局、国連ウィーン事務局、ESCAP国連アジア太平洋経済社会委員会（バンコク）、FAO国連食糧農業機関（ローマ）、IAEA国際原子力機関（ウィーン）、IFAD国際農業開発基金（ローマ）、UNEP国連環境計画（ナイロビ）、UNESCO国連教育科学文化機関（パリ）、UNCHR国連人権高等弁務官事務所（ジュネーヴ）、UNHCR国連難民高等弁務官事務所（ジュネーヴ）、UNIDO国連工業開発機関（ウィーン）、UNODC国連薬物犯罪事務所（ウィーン）、WFP世界食糧計画（ローマ）、WHO世界保健機関（ジュネーヴ）

また、ヨーロッパ評議会への代表派遣が一九七五年から行われており、現在はEU欧州連合と大使レベルでの関係を有している。マルタ騎士団が代表を派遣する政府間組織は以下の通り。

ＡＵ アフリカ連合（アディスアベバ）、ＣＯＥ ヨーロッパ評議会（ストラスブール）、ＣＰＬＰポルトガル語圏諸国共同体（リスボン）、ＣＴＢＴＯ 包括的核実験禁止条約機関準備委員会（ウィーン）、ＩＣＣＲＯＭ 文化財の保存と修復の研究のための国際センター（ローマ）、ＩＣＭＭ国際軍事医学委員会（ブリュッセル）、ＩＣＲＣ赤十字国際委員会（ジュネーヴ）、ＩＤＢ米州開発銀行（ワシントンＤ．Ｃ．）、ＩＩＨＬ国際人道法研究所（ジュネーヴ、サンレモ）、ＩＦＲＣ国際赤十字・赤新月社連盟（ジュネーヴ）、ＩＯＦ国際フランコフォニー機関（パリ）、ＩＯＭ国際移住機関（ジュネーヴ）、ＰＡＭ地中海議会（マルタ）、ＳＩＣＡ中米統合システム（サンサルバドル）、ＵＮＩＤＲＯＩＴ 私法統一国際研究所（ローマ）、ＵＮＩＬＡＴラテン連合（サントドミンゴ、パリ）

## 団員

マルタ騎士団は二〇二三年現在、一万三五〇〇名の騎士、九万名のボランティア、五万二〇〇〇名の医療従事者を擁する。これに加えて、若干名の騎士団付司祭が在籍している。騎士団員と呼ばれるのは、このうち騎士および騎士団付司祭である。なお、団員資格は国籍ではないために、主権評議会議員のごく一部の例外を除き、自国籍を維持し二重国籍とは見なされない。

### 騎士の階級

騎士は、病者・貧者に対する献身の実績を有するカトリック教徒から叙任される、騎士団の主体である。マルタ騎士となるということは、自らの選択ではなく、神によって召し出され、神と人々に献身する使命を負うこと（召命）であるとされ、その責務は一生涯続く。

騎士には、騎士団に対するコミットメントの深さに応じた三つの階級が存在する。

**第三階級**　約一万二七〇〇名――名誉と献身の騎士〈ナイト・オブ・オナー・アンド・デヴォーション〉、慈愛と献身の騎士〈ナイト・オブ・グレース・アンド・デヴォーション〉、主の恩寵の騎士〈ナイト・オブ・マジストラル・グレース〉

第三階級は、原則として全ての騎士がまず叙任される階級である。この階級の騎士は、騎士団の戒律を守りつつ、世俗に生活し、国家支部に所属する。

その出自によって、完全な貴族証明（曽々祖父一六名、過去二〇〇年間など）を有する「名誉と献身の騎士」、部分的な貴族証明（曽祖父八名、過去一〇〇年間など）を有する「慈愛と献身の騎士」、それ以外の「主の恩寵の騎士」の三種別が存在する。

**第二階級**　約七〇〇名――忠誠の騎士〈ナイト・イン・オヴィディエンス〉

第二階級は一九五六年に教皇ピウス一二世により新設された階級であり、修道誓願は立てないものの、従順の特別な誓いを行うことで修道会の一員となり、管区に所属する騎士である。騎士団における騎士としての成長を通じ、自らの準備が整ったと自覚し、相応しいとして召し出された者が「従順」の請願を立てて第二階級へと昇叙される。

第二階級の騎士は「忠誠の騎士」と呼ばれ、マルタ騎士団における上長の命令と、神の律法と教会の戒律を熱心に遵守し、福音の精神に従って自分の財産を活用することを約束しなければならない。

**第一階級**　約四〇名――正義の騎士〈ナイト・オブ・ジャスティス〉

さらに「貞潔・清貧・従順」の三請願（独身、私的財産の放棄、上長の正当な命令への従順）を立て、修道士として生きることを誓った騎士たちが、第一階級の「正義の騎士」である。この正義の騎士が、マルタ騎士団のカトリック修道会としての中核を成す。

一九八九年まで、正義の騎士へと進めるのは貴族出身者に限られていた。非貴族が第一階級へ叙任されることが認められた後も、騎士団総長のみは貴族出身の正義の騎士のみに選挙権が限られていたが、この制限もまた二〇二二年に撤廃されている。

但し、これらの階級は、自らの宗教的献身の度合いを表すものであって、そこに上下の序列は存在しない。また、一九九七年の憲法改正により、ようやく女性騎士（デイム）と男性騎士（ナイト）間の区別が完全に撤廃された。二〇二三年における女性騎士比率はおよそ三割であり、国家支部長、大使を含めた多くの主要ポストにおいて女性騎士が活躍している。

### 騎士への道

「どうすれば自分もマルタ騎士になれるのか？」この質問にもまた、残念ながら答えが存在しない。マルタ騎士団は、騎士への叙任は神の導き手によるものであると捉え、自薦や他薦を一切受け付けていないためである。あくまで、騎士団がその人道支援活動を展開する中で、巡り合った人々の中から、騎士に相応しいと思われる候補者が自然と浮かび上がるというのが騎士団の立場である。

しかし、騎士として必須の条件はいくつか存在する。まず何より絶対的な条件が、洗礼を受けた敬虔なカトリック教徒であること。そして、病者・貧者に対する献身の実績を有することである。ここに加えて、所属する教区司祭と騎士団の騎士二名以上からの推薦を得ることが必要とされる。なお、マルタ騎士団では選抜に当たり、単なる献金・寄附は病者・貧者に対する功績として一切認めないという強い立場を取っており、純粋に自らの手で支援を行った実績のみが評価されることを付記したい。

一方で、歴史を経て必須でなくなった条件が、貴族家系の出自であることである。これは、マルタ騎士団として、新たな時代には「高貴な生まれを求めるのでなく、高貴な魂を求めるべき」という信念に基づいている。

こうして騎士候補に召し出された者は、最終審査書類一式の準備を始めるとともに、一二ヶ月間の修練準備期間を開始する。この修練準備期間は、司祭およびメンターの下、騎士候補者としての宗教的および人間的成長を図るとともに、候補者がマルタ騎士としての召命に相応しいかを判別する目的で実施される。具体的には、候補者には騎士団の実施する人道支援活動に従事しつつ、祈禱会などへの参加を通じて霊性を育み、さらに可能な限り巡礼に参加することが求められる。

これら全ての条件を満たし、国家支部における審査を通過した志願者のみが、初めて中央政府における最終審査にかけられるのである。最終審査で入団を認められた候補者は、晴れてマルタ騎士となり、各国家支部が執り行う入団式を経て、マルタ騎士団の一員として正式に迎え入れられる。

### マルタ騎士団詐欺

こうしたマルタ騎士の高い名誉と、それに劣らない入団へのハードルの高さの間隙を縫って、マルタ騎士団の名を騙って被害者から高額な入団金などを得る詐欺が横行していることもまたここで述べなければならないだろう。被害者には豪華な「入団式」とともに豪華な偽の騎士証明書とバッジが授与され、自らが騙されて偽の騎士団に入団したことに気が付かない被害者も多い。

こうした偽騎士団詐欺は、被害者に金銭的な被害をもたらすのみならず、イタリアやドイツは騎士でない者が騎士号を名乗ることを刑法で禁じており、また日本でも軽犯罪法第一条十五「位階勲等……外国におけるこれらに準ずるものを詐称し、又は資格がないのにかかわらず、……勲章、記章その他の標章若しくはこれらに似せて作つた物を用いた者」により拘留又は科料の刑罰に処される可能性がある。

我が国でも二〇二二年、詐欺団体をマルタ騎士団と取り違えた誤報道があり、翌日に取り消す事案が発生するなど、実際に被害が生じている。

## 騎士団の制服・勲章早見表

騎士にはその創設時から、場面に応じた適切な制服の着用が求められてきた。古くは、レイモン・デュ・ピュイの戒律に服装の一致に関する規定（第四条）が見られ、また教皇アレクサンデル四世も一二五九年に「騎士団員の平時の服装は白い十字架が縫い付けられた黒のローブであること、そして戦闘時は赤色のサーコートを着用し、その上に国旗と同じように白十字を縫い付けなければならないこと」を勅令していることから、制服が古くから重要視されていたことは明らかである。

今日でもまた、騎士たちはその階級と種別により定められた騎士団の制服を着用する。現在騎士団には、祭服と礼服の二種類の制服が制定されている。

騎士にとって着用の機会が多いものが祭服である。これは修道会としてのマルタ騎士団を象徴する制服であり、ミサを始め、騎士団内の公式会合において全ての騎士に着用が求められる。祭服は男性騎士はローブ、女性騎士はケープであり、いずれも黒地に白のマルタ十字が刺繍される。また、宗教的な献身の深さを反映するように、騎士の階級によってそのデザインが異なっている。

騎士団には軍装に由来する礼服も存在し、これは主権主体としてのマルタ騎士団を象徴する。従って、礼服の着用の場は主に外交と儀礼の場に限られ、一般の騎士がこれを着用する機会は少ない。礼服で注目すべきは襟の色であり、第三・二階級の騎士は黒、第一階級の騎士は白とされ、これにより修道誓願を立てた騎士が見分けられるようデザインされている。さらに、総長のみは、特別な襟色として赤が用いられる。

祭服と礼服とにかかわらず、制服の着用時には騎士はマルタ騎士団の団員章（勲章）を佩用《はいよう》する義務がある。この勲章は、騎士の種別（＝出自）ごとに意匠が異なる。世間のあらゆる勲章が階級によって意匠を変えている一方で、マルタ騎士団のみは階級ではなくその出自で意匠を分けている点は非常に興味深い。いずれにせよ、これにより貴族出身の騎士はひと目で判別がつくようになっている。

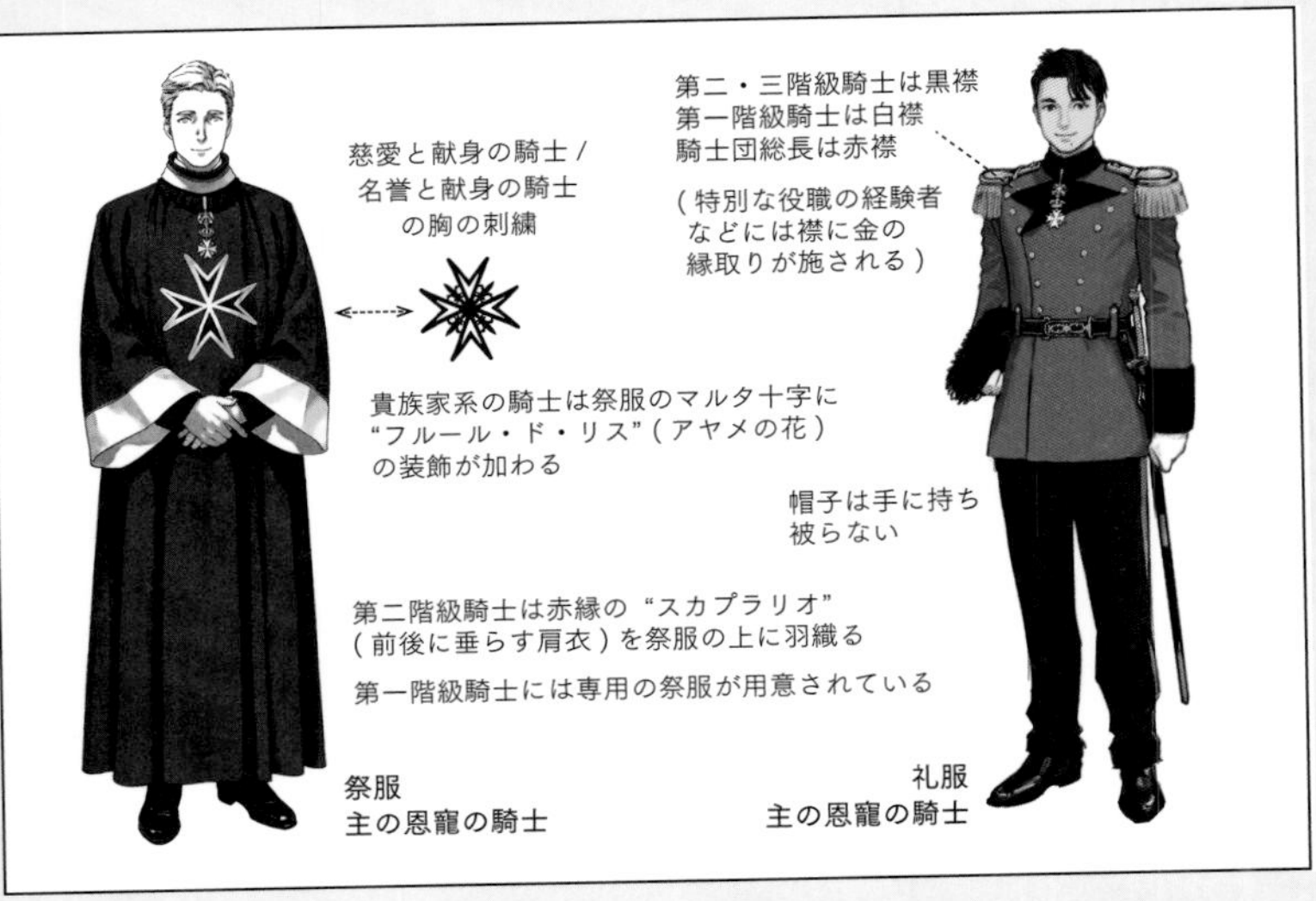
慈愛と献身の騎士 /
名誉と献身の騎士
の胸の刺繍
第二・三階級騎士は黒襟
第一階級騎士は白襟
騎士団総長は赤襟
（特別な役職の経験者
などには襟に金の
縁取りが施される）
貴族家系の騎士は祭服のマルタ十字に
“フルール・ド・リス”（アヤメの花）
の装飾が加わる
帽子は手に持ち
被らない
第二階級騎士は赤縁の“スカプラリオ”
（前後に垂らす肩衣）を祭服の上に羽織る
第一階級騎士には専用の祭服が用意されている
祭服
主の恩寵の騎士
礼服
主の恩寵の騎士

マルタ騎士団の制服

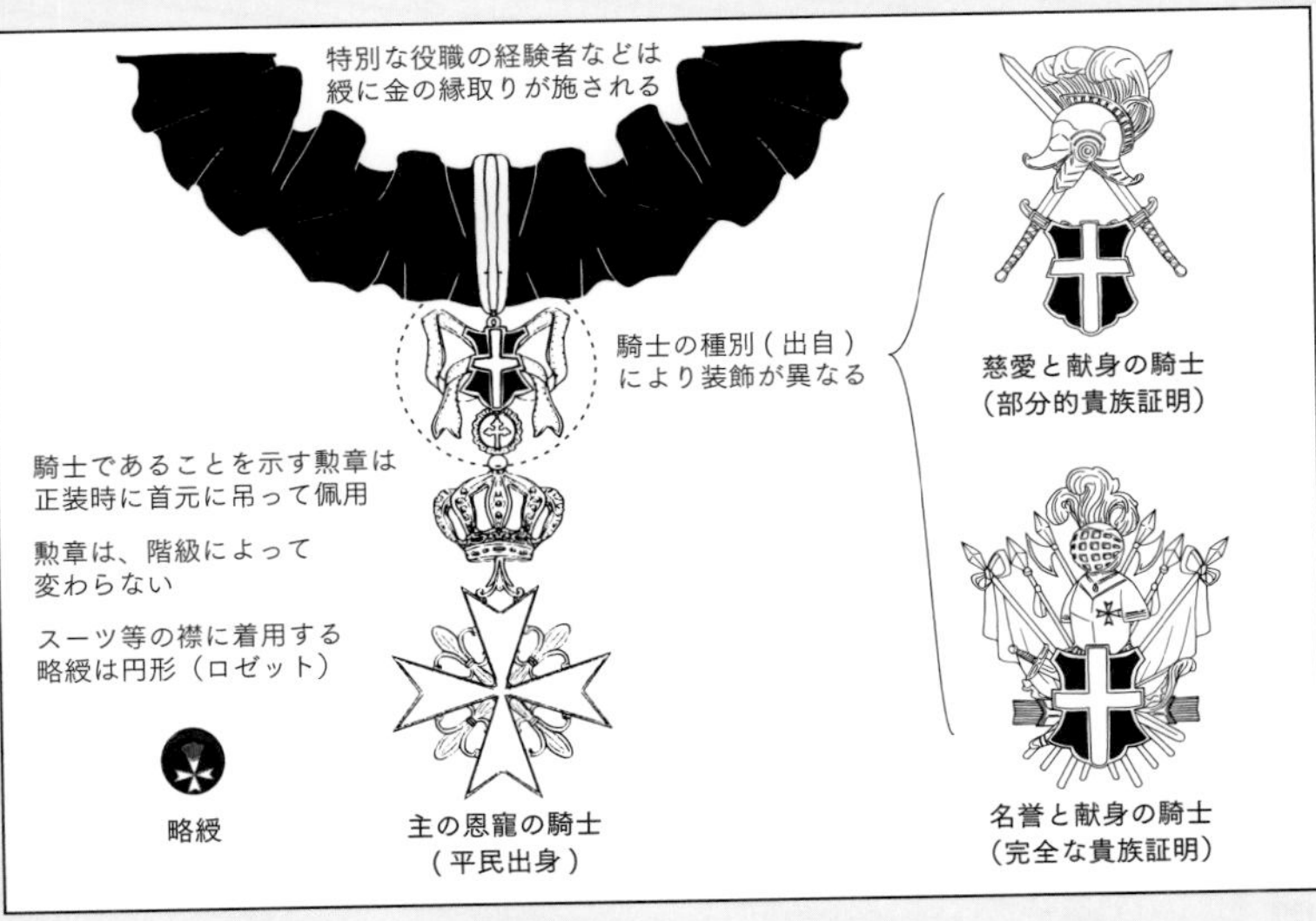
特別な役職の経験者などは
綬に金の縁取りが施される
騎士の種別（出自）
により装飾が異なる
慈愛と献身の騎士
（部分的貴族証明）
騎士であることを示す勲章は
正装時に首元に吊って佩用
勲章は、階級によって
変わらない
スーツ等の襟に着用する
略綬は円形（ロゼット）
略綬
主の恩寵の騎士
（平民出身）
名誉と献身の騎士
（完全な貴族証明）

マルタ騎士団員章（聖ヨハネ騎士勲章）

# 後記　騎士から見たマルタ騎士団

筆者は二〇二二年夏、日本国籍としておよそ一世紀ぶりにマルタ騎士への叙任を賜る幸運に浴した。そこで一人の新任騎士として眼の当たりにし、経験した世界は、異世界と呼ぶに相応しいものであった。

元国連職員として、権力と国際秩序の狭間に忘れ去られた病者と貧者に献身する騎士団には、世界で最初の国際機関としての矜持を見た。大国が小国を力で屈服させんとする、人類史が幾度となく繰り返してきた醜悪な光景が再びウクライナに展開される現在、自らの信念のみを拠り所とする騎士団には、「国家とは何か」という根源的な問いを突きつけられる思いであった。

そこで一人でも多くの日本人に、日本で殆ど知られていないこの騎士団について知っていただきたいという熱意に任せ筆を執ったのが本書である。故にここではあとがきに代えて、一人の騎士から見たマルタ騎士団について少し補記することで、その締めとしたい。

なお、この後記は全て筆者個人によるものであり、マルタ騎士団の見解を反映しないことを申し添える。

ウクライナで避難民に食料を提供するマルタ騎士団ボランティア

## 騎士団との邂逅

私がマルタ騎士団と初めて接点を得たのは、ウィーン国連勤務時代の二〇二〇年初秋であった。コロナウイルスによる一度目の都市封鎖が解かれ、つかの間の日常を取り戻しつつあったウィーンの洒脱な街中、あるレストランで会食を楽しんでいた時に、その出会いは同僚職員から出し抜けにもたらされた。

「マルタ騎士団に興味ありますか？」

この会話が、全ての始まりであった。マルタ騎士団は、筆者が勤務していたウィーンの国連事務所に代表部を置き、資金を拠出し、マルタ十字旗は構内でもたまに見かけられる存在であった。筆者自身、人道支援に取り組む哲学として騎士道の研究をささやかな趣味としており（レオン・ゴーティエ著、筆者編訳『騎士道』中央公論新社、二〇二〇年）、マルタ騎士団について知識を有する数少ない日本人の一人であるという自認もあった。

あります、そう伝えた僅か五日後には、騎士団のアジア太平洋地域担当大使から国際電話が着電し、気づけば騎士団員とのランチが組まれていた。大使の語り口からは私の背景を驚くほど仔細に調べていたことは明らかであり、この時点で少しおかしいと感づくべきだったかもしれない。

一週間後、大使に指定された場所に出向いた私を迎えたのは、フリースに身を包み、大衆車シュコダに乗った、ケーヴェンヒュラーと名乗る気の良いおじさんであった。

(これが本物の騎士……?)

それが偽らざる第一印象であったが、ランチをご一緒しながら互いの人道支援の経験などを談笑し、名刺を交換して帰宅し、気まぐれに名前を検索すると、七世紀続く名家の公爵閣下であった。公爵なら公爵と、出会ったときに名乗る法律でもあればよいのに。そうすれば「コロナのロックダウンでは、お互い狭いアパートに閉じ込められて大変でしたね」などと話を差し向けて、私はいらぬ恥をかかずに済んだはずである。(ランチ後に「駐車代くらい私が出しましょう」などと申し出たことも、今になって地味に恥ずかしい。)

いずれにせよ、その後数ヶ月の間、私のカレンダーにはマルタ騎士団の方々との会食が折に触れて入るようになった。そしてその度に、私の背景に関する調査は深まっていた。今振り返れば、完全なる面接であった。

二〇二〇年末、大使から電話があった。「貴兄を、マルタ騎士に推薦したい」と。

思いもかけない言葉に大変驚いたことを覚えているが、だがこれも一年に亘る長い本審査の始まりに過ぎないことを、この時の私はまだ知らない。マルタ騎士団では、全ての騎士候補者は一二ヶ月間の修練期間を経る。この間に、候補者は騎士団の慈善活動に従事し、祈禱会に参加し、騎士団員や他の候補者たちと交流を重ねることで、本当にこの候補者がマルタ騎士という一生を通じた使命に相応しいかを見極めるのである。

提出を求められた書類を列記するだけで、入団志願書、履歴書、カトリックであることを証明する洗礼証明書、結婚または独身証明書、無犯罪証明書、担当司祭からの推薦状、教区司教からの同意書、騎士二名からの推薦状、背景調査同意書、そして身元保証書……と膨大な量となる。役所や大使館、教会を回ってこれらをかき集めるだけで、実に一苦労であった。加えて週末は香港の子どもたちにボランティア授業を行い、祈禱会に参加し、空き時間にはローマ教皇の回勅を勉強し小論文を執筆し……と、この時期の空き時間はその大部分を騎士団に捧げていた感がある。

こうして無事一二ヶ月の修練を終えた私の身分がローマの騎士団中央政府へと送られた頃には、暦は二〇二二年初頭になっていた。

二〇二二年三月、私は晴れて正式に騎士への叙任が認められた。そのニュースに安堵していたまさにその数日後、衝撃的な出来事が飛び込んできた。日本の新聞社が、一斉に「日本人がマルタ騎士に」と報じたのである。だが、私のことではなかった。大手通信社が、マルタ騎士団を騙る詐欺団体に騙され、全く無関係の団体の個人の「叙任」という名の詐欺被害を、誤報として全国配信していた。

(「日本人二名、マルタ騎士団から初の「ナイト」称号授与」二〇二二年三月一一日付)

マルタ騎士団の名を騙り、虚栄心を煽って被害者から金銭を巻き上げる詐欺は、実は欧州では一般的である。だがこのタイミングで、大々的な誤報でマルタ騎士団の名が全国デビューした今、これから騎士団をこの国でどう正しく広めて行けようか？

通信社には即座に抗議電話をかけたものの、「あなたのお話ですと、この騎士団ですか？　国連に席を有していて、一〇〇ヶ国と国交があるということですか？　にわかには信じられませんね」などと逆に胡散臭がられる始末。まあ無理も無いが、それでも関係各所に速報を入れて回り、大使名義の

ケーヴェンヒュラー公爵の「ご自宅」（オーストリア、ホッホオスターヴィッツ城）

抗議レターが数日中に通信社まで送達されるように取り計らい終わったのが、その日の夕方であった。

とはいえ諦めていた。マルタ騎士団は当事者から見てさえあまりに複雑で、通信社に直ちに理解頂くことは期待できなかった。そうして騎士らしく（？）赤ワインを自棄酒して寝ようとした丁度その時、私はその日二度目の衝撃を目にした。全国の新聞社が一斉に記事を撤回し、翌日には訂正記事を掲載していた。配信から僅か一日の電撃撤回劇であった。（「イタリア慈善団体が日本人表彰　正統マルタ騎士団と別」二〇二二年三月一二日付）

後日、この通信社からは正式な謝罪文と経緯説明文が届いた。驚いたことに、通信社はその日のうちにローマ教皇庁に直接問い合わせを行い、そして私の連絡が伝わっていた教皇庁が、丁寧に誤りを指摘して下さっていた。

関係者の皆様には誠に感謝に堪えない。「おめでとう、正義は勝つのです。」そう言って祝って下さった騎士団中央政府広報委員会のメールが、今も心に残っている。なお、この通信社は、その後きちんとマルタ騎士団を取材し直した上で記事を配信して下さったことを補足したい。(「九大准教授にナイト勲章　マルタ騎士団の一員に」二〇二二年六月二五日付)

## 騎士となって

こうして二〇二二年六月、私はオーストラリア・シドニーのセント・メアリー大聖堂において、マルタ騎士の叙任を受けることが出来た。日本に国家支部が無いために、私の身分はオーストラリア支部所属になっていた。式はフィッシャー大司教により三時間に亘って執り行われ、一千年近い歴史を反映するに相応しい重みを持った、素晴らしいものであった。最初の邂逅から、二年の時間が経っていた。

騎士になって何か貰える物があるのか?　こう聞かれることがある。この問いには、物質的には特に何もないとお答えせざるを得ない。マルタ騎士という身分は、病者と貧者に分け与えるとともに、その献身から学び、騎士として、人としての成長を目指す身分に他ならない。ゆえに、九〇〇年前のデュ・ピュイ戒律に「騎士は自らに約束されるパンと水と衣服以上のものを、報酬として要求してはならない」とある通り、私が騎士団から頂いたのは、騎士の祭服であるローブと、騎士の証である勲章と証書、その三点のみである。(パンと水は、祝賀会で供された食事で代替されたことにしておこう。)

だがこの歴史ある共同体の一員として、「我等が主、病者と貧者」に奉仕する豊かな場と、騎士団の人道支援の舵取りや、その外交に携わる機会こそ、他に代えのきかない、私が騎士として授かった最大の賜物であり特権であった。

現代では、マルタ騎士団員は、ごく一部の団員を除き修道院に属せず、それぞれが各々の生活を送りながら病者と貧者に奉仕する。現代の組織らしく、普段の連絡はメールやメッセージアプリ、オンライン会議が主で、意識しなければ普通のボランティア団体の集いとあまり区別がつかない。

だが騎士たちは、各地の慈善活動のみならず、人道支援の方向性を議論する国際会議、さらに各国支部の主催する行事や祈禱会などで定期的に集う。そして一度騎士団の行事で会せば、数世紀に亘る伝統ある制服に身を包み、伝統に則って典礼が執り行われ、その厳粛さと荘厳さは、言葉では言い表せないものがある。

中でも特に大きな行事は、毎年五月にフランスで開催されるルルド巡礼である。これは、聖母が降臨し、不治の病を治癒した奇跡が記録される南仏の村ルルドの小さな泉に、病者の方々をお連れして巡礼に向かう伝統行事である。その規模は騎士団だけで七千人を数え、数千人の病者が、毎年騎士に伴われてルルドの地を踏んでいる。

では、マルタ騎士となるにはどうすれば良いのか？　これが筆者が一番良く受ける質問かもしれない。だがこの問いにばかりは、こうお答えするほかない。それは神の御心、お導きによると。

マルタ騎士団は、騎士とは、生涯続く「召命」であると捉えている。召命とは、神が人に使命を与え、これを召し出す（呼び出す）ことを意味するキリスト教用語である。換言すれば、騎士とは、神によって呼び出されるものであり、人が願ってなる身分ではない。ゆえに、マルタ騎士団は応募の類を一切受け付けておらず、あくまで騎士団がその人道支援活動において巡り合った方から、年単位の時間をかけ、自然と候補者が絞り込まれている。

その上で、もし本書をお読みのあなたにマルタ騎士へのお声掛りがあったならば、是非その召し出しを真剣にご検討頂くとともに、是非以下にご留意を頂きたい。まず、マルタ騎士団は、洗礼を受け、正式にカトリック信徒である方以外に、お声をお掛けすることはしていない。また、全ての候補者には一二ヶ月間の修練が義務付けられており、これが免除されることはない。従って、マルタ騎士団を名乗る団体からコンタクトを受けた場合には、ローマの騎士団中央政府かオーストラリア支部、あるいは私個人に問い合わせることで、念の為にそれが偽団体でないことをお確かめ頂きたいと思う。

## 騎士から見た騎士

マルタ騎士は、お互いをConfrère（コンフレーレ、男性騎士に対して）、Consœur（コンセヨール、女性騎士に対して）の敬称をつけて呼び習わす。日本語では「～卿」といった訳になろうが、意味としては「会士」で、我々は「同志」くらいの意味で使っている。

この「同志」たちの輪に入ってまず感じたことは、想像以上の多様性であった。確かに統計からは、平均として高齢の騎士が多く、貴族の割合もまだまだ高く、ヨーロッパが中心で有産階級が多いことは間違いがない。だが、私が騎士団の会合に出席して見た騎士たちは、二〇代の若者もいれば女性もおり、職業も経営者から大学教員、聖職者から公務員に至るまでさまざまであった。地理的にも、太平洋から中南米、アフリカに至るまで、本当に世界の隅々にまでマルタ騎士のネットワークは広がっていた。

そんな人種も職業も多様な騎士たちに、一つだけ共通していたのが、「無私」の精神であった。私は、貴族という方々が、いかに「公」と「私」の境目なく、ごく自然に私財をもって社会貢献を行うかを目の当たりにし、一度ならず驚いたものである。ノブレス・オブリージュの精神は、今も騎士たちに生きていた。

叙任を受ける筆者

中でも、ここでは特に私に印象を残したある一名の女性騎士との出会いについて語りたい。

## 現代の女性騎士、デジレー・ジェプセン

女性騎士の城は、コペンハーゲンから南に一時間のところにあった。

ウィーンから女性騎士の元を訪れた私に、開口一番彼女は微笑みながらこう言った。「デンマークへようこそ——この国も、あなたの国と同じ問題を抱えているわ。カトリック教徒が、教会に行かないの」と。魅力的《チャーミング》なデジレー、と騎士団内で呼ばれる彼女の本名は、デジレー・グラフィン・シャフゴッチュ・ジヤナント・ゼンパーフライ・フォン・ウント・ツ・カイナスト・アンド・グライフェンシュタイン。正真正銘の伯爵である。香港を拠点にグローバルなビジネスを展開する国際企業のオー

ナーと結婚した彼女は、マルタ騎士団香港支部の支部長でもある。私はこの日、マルタ騎士団の日本国内の慈善活動の打ち合わせのためにウィーンから日帰りで彼女の元を訪れていた。

それにしても、驚いた。あまりに城の建築が、庭が、調度品が美しすぎるのである。まさか博物館以外でこんな空間が現存するとは、八〇〇年続く伯爵家の凄みを思い知らされる。しかも、これで夏の別宅なのだから……脱帽である。その日私を迎えてくれたのは、老いてなお美しい伯爵に、足元で行儀よく戯れる二匹の愛犬、妙齢の令嬢、そしてメイド。あまりに日本人の思い描く貴族のイメージの直球ど真ん中すぎて、もはや言葉もない。

「この建物は五〇〇年前の建築、こっちは新しくて二〇〇年前ね」と敷地に展開する一〇を超える建物の数々をご案内下さる伯爵。「二五年前に、芸術の造詣がある主人とリノベーションしたのだけど、こんなに大変だとは思わなかったわ」と苦笑する彼女の表情からは、この家族の居場所への愛着と誇りが感じられた。

「家族」。それこそが、伯爵にとってのマルタ騎士団だと言う。「本来、クリスチャンとは、互いに助け合うことが本質のはず。確かに多くの人が、アフリカやアジアの貧困に目を向けようとしているわ。しかし彼らは、それにより自分の周りが見えていない。眼を開けて見れば、如何に自分の周りに多くの人々が助けを、人との繋がりを求めて彷徨《さまよ》っているかに気づくはずなのに。国際援助組織でありながら、地域に根ざし、小回りのきくマルタ騎士団は、こうした人々を助けることができる。それこそが、マルタ騎士団の存在意義だと私は思っているわ」

こう彼女が語る通り、マルタ騎士団香港支部の活動には地域に根ざしたものが多い。障害を持つ子供たち、貧しい家庭に繋がりの場を提供するのが、その主軸である。

彼女の伯爵家がマルタ騎士を輩出するようになったのは、一七一五年だという。その後、伯爵家はマルタ騎士を脈々と輩出した。彼女の父親はマルタ騎士団ブラジル大使であり、伯爵も幼少期をブラジルで過ごした。その後、デンマークに戻った彼女は、一八歳で初めてルルド巡礼に参加。そして、「一言の言葉も要らず、マルタ騎士団を理解した」という。若くして騎士叙任、以降ヨーロッパにおいて慈善活動に励んだ。

彼女の人生に大きな転機が訪れたのは夫ハンスとの縁談であった。デンマーク出身ながら、香港を中心に国際的な家族企業を経営するハンスのことを、彼女は結婚まであまり知らなかったという。しかし結婚式のため初めて香港に降り立った彼女は、空港を降りた瞬間、なぜか「故郷に帰ってきた」と感じたという。あとになって、ブラジルのリオと香港の気候が、同じであることに思い至った。以降、香港とデンマークを往復する生活を送った伯爵は、その後の香港支部の設立において中核的な役割を果たすことになった。

「支部の設立は、大変だった。でも、心配しないで。神様が必ず導いて下さるのだから。そう、今日あなたが私の元に来たのも、神様の御心なのよ」と。

伯爵は、貴族としてはリベラルな価値観を持つ。「騎士団の中には、騎士団を貴族の集まりだと思っている人たちが今でもいる。でも、それで良いのかしら？　我々は変わらなければならない。そして時代に即し変化を続けてきたのがマルタ騎士団という組織だと私は思うの。大切なのは、若い、志を持った人が入ってくることだわ」こう励ましてくれた伯爵は、若く、貴族でない私が感じていた引け目を感じとってくれたのかもしれない。

伯爵は別れ際に、最後にこう諭した。「マルタ騎士団というのは、騎士やボランティアにとっても、人間として、そしてキリスト教徒として成長する場なの。病者、貧者を助けているだけではない。私たちは病者、貧者に助けて頂いているのよ。最近闘病の末に他界した母が、看病する私によく言ったわ、有り難うって。その度に私は言ったものよ。いいえお母様、私こそ有り難うございます。私は今もこうしてあなたに育てて頂いているのですから、って」

「マルタ騎士団の支援者の中には、小切手を切った瞬間に貢献が終わったと勘違いする人が多く居る。騎士たちでさえ、正装に勲章をぶら下げているのが任務だと勘違いする人が居る。でも、あなたはそうならないで。騎士への叙任は、始まりであって、終わりでは無いのだから。今一度身の回りを見回してみて。そこに、助けを求めている人は居ない？　そうした人々を助けることが、マルタ騎士としてのあなたの召命なのよ」と。

「貴族の女性たちは結婚する時、すぐに家名とか血筋を気にする。でも、ファミリーネームに一体何の価値があるの？　愛情と誇りを持って夫の姓を名乗ればいいのよ」そういう彼女は、今では単にデジレー・ジェブセンと名乗っている。魅力的《チャーミング》なデジレー。その二つ名を、納得した邂逅《かいこう》であった。

## マルタ騎士団と日本

デジレーとは、日本での慈善活動についてその後何度も議論を交わすことになるのだが、残念ながら日本とマルタ騎士団との関わりは歴史的に薄い。

この二つの国は一千年近く同じ地球に共存し続けた訳で、どこかで関わりが無かったはずは無いと思うのだが、筆者が手元の資料で辿れたこの両国の最初の交わりは、明治時代を生きたある一人の日本人のカトリック軍人である。

東郷平八郎の副官を務めたこの帝国海軍将校は、山本信次郎少将という。彼は一八七七年に仏教徒の家に生まれながら、カトリック系の中学校で学んだことを縁に一六歳で洗礼を受け、マリア会修道士の勧めにより軍人の道を選んだ。

第一次世界大戦によって日本がヨーロッパ列強の力学に晒される中、このカトリック軍人は、イタリア大使館付駐在武官や東宮御学問所御用掛として昭和天皇の側近を務め、日本とバチカンの貴重な架け橋の役割を担った。一九一九年パリ講和会議におけるローマ教皇庁との交渉妥結、一九二一年昭和天皇のローマ教皇ベネディクトゥス一五世との会見実現などが、山本の功績とされる。

そして一九三四年、日本とカトリック世界を結ぶ外交上の功績と、献身的な宣教活動とが評価され、山本は日本人として初めてマルタ騎士となった。彼は引退後、自らの財産を教会や修道会に寄進し、青少年の育成に尽力すると、六四歳でその生涯を閉じた。

惜しむらくはそれ以降、しばらく我が国とマルタ騎士団とを繋ぐ人材が現れなかったことだが、第二次世界大戦後、その穴を埋める、日本に縁の深い一人の騎士がその手を差し伸べた。マルティイザー・インターナショナル前総裁、コンスタンティン・フォン・ブランデンシュタイン＝ツェッペリン伯爵である。彼は日本に西洋医学を伝えたあのシーボルト博士の次女ヘレーネの子孫であり、血は争えないというのだろうか、日本に対して大変な好意と熱意を有して下さっている。

戦後、伯爵の主導により、カトリック大学でありシーボルト研究の盛んな長崎純心大学の協力のもと、マルタ騎士団による国内の老人ホームや孤児院などへの支援とボランティアの交流が進められてきた。特に東日本大震災においては、震災により大きな被害を受けた岩手県一ノ関市の児童養護施設に緊急支援が実施され、その再建を扶けている。

この日本における活動を引き継ぎ、そして花開かせることが、私個人のマルタ騎士としての使命であると考えている。

## 国家とは何であろうか

本書を締める最後は、次の問いをおいて他に無いであろう。そもそも、国家とは何であろうか。そして、マルタ騎士団とは何であろうか？

この主題はそれだけで専門書の題材だが、あえて単純化した議論を許されたい。国際法上、国家として必要な資格要件に触れた条約に一九三三年のモンテビデオ条約があり、これは「国はその要件として、（a）永続的住民、（b）明確な領域、（c）政府、および（d）他国と関係を取り結ぶ能力を備えなければならない」と記す。

この条文で判断するならば、マルタ騎士団は、国家要件のうち（c）政府と（d）外交能力を有する。だが、（b）明確な領域は有さず、また（a）永続的な住民についてもグレーであるために、国家ではないという結論になろう。

ということは、マルタ騎士団は国連や赤十字国際委員会のような国際機関なのだろうか？　だが、これも明確に否である。なぜならば、マルタ騎士団には、主権が認められているのだから。

主権は「その国家自身の意思によるほか、他国の支配に服さない統治権力。国家構成の要素で、最高・独立・絶対の権力。統治権。」（広辞苑第七版）などと定義され、これを有するのは原則として国家のみであって、国連も赤十字もこれを有さない。国際機関は、あくまで他の主権国家間の合意のみによって存立するのであり、全ての国家から独立し存在するマルタ騎士団とはその立ち位置が大きく異なるのである。

マルタ騎士団が主権を獲得したのは、一二世紀、教皇が騎士団に対し世俗権力からの独立と免税、そして所領と団員に対する完全な管轄権を大特権として与えた時点と解釈される。その後、一三〇七年以降のロードス島統治時代、そして一五三〇年以降のマルタ島統治時代において、騎士団が領土と国民とを有する、完全な独立国であったという点は、国際法上も疑う余地がない。

こうして騎士団がマルタ島から退出した時、この騎士団には既に国際法の主体としての地位が生じており（宣言的効果説に基づく主権）、さらにそれを一〇〇を超える国々が承認したことで、騎士団は国際法上の立ち位置を確固たるものにしたのである（創設的効果説に基づく主権）。

但しマルタ騎士団は、今日では、自らが国家であるという主張を行っていない。

主権はあるが、国家ではない。マルタ騎士団は、そんな国際法上で唯一の主体である。

その信念をよく表す言葉を、前医療総監であるドミニク・ドゥ・ラ・ロシュフーコー・モンベル氏が残している。「国の価値は領土の大きさではない。あえていうならば、人道援助活動の舞台全てが私たちの領土である」と。

信念に拠って成り立つマルタ騎士団は、ゆえに領土に拠る国家より堅強に繋がり、今日も全世界で病者と貧者に献身している。

## おわりに

それにしても、甘かった。思えばマルタ騎士団を書くということは、日本でいえば平安時代から令和に至るまでの長い歴史を、騎士団特有の政治と信条に触れつつ、さらに騎士の世界について解説して纏めるということであり、それが容易な訳がない。軽々しく本書の執筆に取り掛かった自らの愚かしさを呪うばかりである。

書きたいと思いながら、本書に含められず歯がゆい思いをした内容は数知れない。

他の騎士団が辿った数奇な運命。一九世紀、イギリス国内で追放されていた元マルタ騎士たちの分派が、ヴィクトリア女王に勅許を与えられ、今日でもなお英国王室には「聖ヨハネ騎士団」という名のマルタ騎士団の姉妹騎士団が存続していること。アメリカにマルタ騎士団が進出した当初、一部の団員がフリーメイソンとマルタ騎士団を混同し、奇妙な組織を作り上げたこと。（フリーメイソンとマルタ騎士団には一切の関係がない。フリーメイソンへの参加は、マルタ騎士への叙任の欠格事項である。）一四世紀のロードス島の騎士団教会に存在した、聖母フィレルモを描いた一枚のイコン（聖像画）が、スレイマンによるロードス島包囲戦も、マルタ大包囲戦も、ナポレオンによるマルタ島占領も生き延び、ロシア皇帝の手に渡った後に十月革命でユーゴスラビアに送られ、第二次世界大戦で一時行方不明になりながらも一九九七年に再発見され、今日では騎士団の数世紀に亘る旅路の象徴として騎士団員から畏敬されていること。

また、歴史上著名なマルタ騎士団員についても、もっと執筆が出来れば良かったと思う。マルタ騎士であり最後のオーストリア皇帝となったカール一世と、その皇妃ツィタが送った激動の人生。荒れ果てた生活を送り、騎士館の扉を叩き壊したあげく同胞騎士に重症を負わせ、騎士団から追放された天才画家ミケランジェロ・メリージ・ダ・カラヴァッジオ。教皇ヨハネ二三世、パウロ六世を始め列聖された八名のマルタ騎士団員と、一〇名の福者、四名の尊者、五名の神のしもべとなられた騎士の方々。

だが名残惜しいが、このあたりで筆を擱《お》きたい。

本書の出版は、星の数ほどの方々に支えられて為された。

私の遅筆に辛抱強く付き合って下さった中央公論新社編集者の登張正史氏には頭が上がらない。登張氏がおられなければ本書が日の目を見なかったことは明らかであり、まず第一に御礼を申し上げたい。

マルタ共和国の駐日特命全権大使André Spiteri閣下には、ここ一年ほど様々な場面で大変にお世話になった。親日家で気さくなSpiteri大使からは、今日マルタ共和国で最も多い姓の一つであるSpiteriは、Hospitallerから転じたもので、騎士団病院で生まれた孤児たちに付けられたという由緒を持つことも教えて頂いた。マルタ共和国がマルタ騎士団に派遣する特命全権大使であるGeorge G. Buttigieg閣下からも、歴史に関する様々なご指摘を頂いた。また、マルタ共和国政府の紋章官であるCharles

A. Gauci博士から直接紋章を下賜頂いたことも、執筆中で印象的な出来事の一つであった。美しいマルタ共和国の皆様に心から感謝を申し上げるとともに、マルタ共和国と我が国の末永い友好関係を祈念したい。

長崎純心大学の皆様方への感謝は、ここでいくら申し上げても足りることがない。特に、長年マルタ騎士団のボランティア活動を日本で率いてこられた宮坂正英先生には心から敬意を表する。宮坂先生と荒木慎一郎先生には、あまつさえ本書のレビューまでお願いをしてしまい、恐縮の限りである。片岡瑠美子学長にもマルタ騎士団の日本国内での活動についてご応援を頂き、長崎純心大学へのご恩返しは今後の私の大きな宿題である。心より感謝申し上げる。

朝日新聞社の本間沙織氏には、騎士団に関して丁寧な取材と報道をして頂いたのみならず、ご親切にも読者の皆様からのご質問を私に共有して頂き、本書執筆を大きく助けて頂いた（朝日新聞グローブ「領土はない、パスポートはある　マルタ騎士団はなぜ『国』なのか　日本人騎士も誕生」二〇二二年八月二一日）。また、テレビマンユニオンの村上峻氏には、日本のテレビ史上初（？）かもしれない、総長ヴァレットを主役とした再現ドラマ付きでマルタ騎士団をご紹介して頂いた（世界ふしぎ発見！「騎士たちが創りし地中海の宝石　マルタ」二〇二三年五月一三日放送）。報道関係者の皆様には、足を向けて寝られない。

本書の出版にあたっては、イラストレーターのみきさと様（制服イラスト）、さかさもか様（勲章イラスト）、そしてMelissa様（管区イラスト）にとても素敵な作品を描き下ろして頂いた。ご無理を聞いて頂き、本書に彩りを添えて下さったお三方に、心より御礼を申し上げたい。

また、最後になってしまったが、九州大学の同僚の皆様、そして学生の諸氏にも深く感謝せねばならないだろう。無謀な私にいつもお付き合い頂いている馬奈木俊介先生、キーリーアレクサンダー竜太先生、兪《ゆ》善彬《そんびん》先生、関大吉先生はもちろん、島村拓弥君には原稿の壁打ちまで甘えてしまった。篠原宣道君、小松原建人君の明るさにも、精神的に支えられた。南佳朋里さん、山本駿君、下村瑞枝さん、岡田京子さんにも色々と手助けを頂いた。各人に感謝したい。

何分、浅学菲才の身である。執筆にあたっては背景資料を可能な限り収集し、また騎士団内の歴史家の指導を仰いだが、なお誤謬があるのではないかと憂慮している。読者の皆様方のご指摘を切にお願いする次第である。

残念ながら我が国にはカトリック信徒が少ないという絶対的な事実があり、これからのマルタ騎士団の活動には障壁も多くあろう。だが、本書を読まれた方が一人でも、マルタ騎士団とその献身の歴史にご興味をお持ち頂き、心に慈善の火を灯して頂けたならば、信仰など関係なく新たな同志を生み出したものとしてこれを喜びたい。

もし、マルタ騎士団の人道支援をご支援して頂けるという方がおられれば、マルティザー・インターナショナルが公式ウェブサイト（https://www.malteser-international.org/en.html）より常時寄付を受け付けるとともに、有給支援職員・ボランティアの募集を行っている。マルタ騎士団各国支部もまた、個別に寄付の受け付けとボランティアの募集を行っている（オーストラリア支部の公式ウェブサイトはhttps://www.orderofmalta.org.au/）。無論、私本人に直接ご連絡を頂くことも歓迎である。可能な限りお手伝いをさせて頂ければと思う。

その希望とともに、本書は、マルタ騎士団が新たな騎士を迎え入れる際に用いる典礼をもって、これを閉じたいと思う。一人でも誕生して頂けたことを願う、新たな「騎士」の諸氏への敬意と感謝を込めて。

二〇二三年五月

取材で訪れたマルタ・ヴァレッタにて　筆者記す

## マルタ騎士入団典礼

ああ　主イエス　その聖なるみ心よ、
ああ　聖母マリア　その汚れなきみ心よ、
生きた水を溢れんばかりに湛える　聖霊と神の慈しみよ。

十全なる従順と愛をもって汝を聖別する、
エルサレム、ロードスおよびマルタにおける聖ヨハネ主権軍事病院騎士修道会へと。

我らは汝に託そう、我らの魂を、肉体を、霊を、心臓を、財を、建物を、
我ら全てと我らの持てる全てを。

我らは汝に託そう、我らが仕える、我らが主たる病者と貧者を。
我らは汝に託そう、汝が常に彼らの中にイエスの顔を見出すことを。
そして我らは汝に託そう、我らとともに彼らに仕え働く全ての者を。

汝よ、たとえ困難にあろうとも、聖なる守護で我らを護り給え。
汝よ、聖職者を、修道士を、騎士を、騎士団付司祭を、奉仕者を、見習いを、
その一人一人を汝の慈悲と愛とで満たし、従順に、我ら兄弟の奉仕者とならんことを。

守護聖人たる洗礼者聖ヨハネ、創設者たる福者聖ジェラールよ、どうかとりなし給え。

我らがもっとも困窮する兄弟への献身の道を固く歩み、
聖ペトロの後継者たる教皇と聖なる教会への信仰の道を揺るぎなく歩むことにより、
その長き歴史で受けた神の恩寵の、真の奉仕者へと我らが成らんことを。

イエスのみ心よ、我らはあなたを信ず！
聖母マリアの汚れなきみ心よ、どうかとりなし給え！

## マルタ騎士団略年表

| 西暦 | マルタ騎士団史 | 騎士団に関連する世界史上の出来事 | 騎士団本部 | 日本時代区分 |
|---|---|---|---|---|
| 1000 | 1048 聖ヨハネ病院設立<br>1099 福者ジェラールの活躍 | 1054 東西教会の分裂<br>1099 第一回十字軍がエルサレムを奪還 | 聖地（シリア・パレスチナ） | 平安時代 |
| 1100 | 1113 教皇勅書により病院が修道会として認可<br>1187 サラディンとの戦い | 1147 第二回十字軍<br>1187 エルサレム陥落<br>1189 第三回十字軍 | | |
| 1200 | 1291 アッコン籠城戦 | 1291 聖地喪失<br>1299 オスマン帝国建国 | | 鎌倉時代 |
| 1300 | 1307 ロードス島上陸<br>1310 本部をロードス島に | 1307 テンプル騎士団解体<br>1365 アレキサンドリア十字軍 | キプロス島<br>ロードス島 | |
| 1400 | 1403 マムルーク朝と和平締結<br>1440 マムルーク朝襲来を撃退<br>1480 第一次ロードス島包囲戦勝利 | 1396 ニコポリス十字軍<br>1453 ビザンツ帝国滅亡 | | 室町時代 |
| 1500 | 1522 第二次ロードス島包囲戦撤退<br>1530 マルタ島に本部を移す<br>1565 マルタ大包囲戦に勝利<br>1571 レパントの海戦に勝利 | 1517 ルターの宗教革命<br>1588 スペイン無敵艦隊がイギリスに敗北 | イタリア・フランス<br>マルタ島 | 安土桃山時代 |
| 1600 | 1651 カリブ海四島の植民地統治（1665年まで）<br>1693 シチリア地震人道支援 | 1648 三十年戦争終結<br>1672 オスマン帝国の領土が最大に | | 江戸時代 |
| 1700 | 1775 聖職者の反乱<br>1798 ナポレオンによりマルタ島を追われる | 1760頃 産業革命<br>1789 フランス革命 | （漂流期） | |
| 1800 | 1834 本部をローマに移転<br>1859 最初の国家支部設立 | 1814 ウィーン会議<br>1864 デンマーク戦争 | ローマ | 明治時代 |
| 1900 | 1908 イタリア大地震人道支援<br>1989 ヨーロッパ・ピクニック計画<br>1994 国連総会常任オブザーバーに | 1911 イタリア・トルコ戦争<br>1914 第一次世界大戦<br>1939 第二次世界大戦<br>1989 ベルリンの壁崩壊 | | 大正時代<br>昭和時代<br>平成時代 |
| 2000 | 2022 騎士団憲法改正と改革 | | | 令和時代 |

# 参考文献


**マルタ騎士団公式文章**

『マルタ騎士団憲法』（二〇二二）／『マルタ騎士団法』（二〇二二）／『マルタ騎士団騎士候補者修練期ハンドブック』（二〇二二）／『マルタ騎士団広報指針』（二〇二二）／『マルテッサー・インターナショナル年次報告書２０２１』（二〇二二）／『マルタ騎士団活動報告２０２１』（二〇二二）／『マルタ騎士団員規則とその解釈』（二〇一一）

**騎士団史**

ジョン・ターフェ『神聖なるエルサレムの聖ヨハネ主権軍事騎士団史：病院騎士団、テンプル騎士団、ロードス騎士団、そしてマルタ騎士団（全四巻）〈The History of the Holy, Military, Sovereign Order of St. John of Jerusalem〉』Hope & Company（一八五二）

ウィットワース・ポーター『マルタ騎士たち、あるいはエルサレムの聖ヨハネ病院騎士団の歴史（全二巻）〈A History of the Knights of Malta or The Order of the Hospital of St. John of Jerusalem〉』, Longmans & Roberts（一八五八）

オーガスト・C・クレー『第一回十字軍：従軍者の体験記〈The First Crusade: The Accounts of Eyewitnesses and Participants〉』Wipf & Stock Publishers（一九二一）

アーネル・ブラッドフォード『剣と盾：マルタ騎士団〈The Shield and the Sword: The Knights of Malta〉』Open Road Integrated Media（一九七二）

ジョセフ・アタード『マルタの騎士たち〈The Knights of Malta〉』BDL Publishing（一九九二）

デイヴィッド・ニコル『ヒッティーンの戦い一一八七：サラディンの大勝利〈Hattin 1187, Saladin's Greatest Victory〉』Osprey Publishing（一九九三）

デスモンド・セワード『戦う修道士たち：騎士修道会〈The Monks of War: The Military Religious Orders〉』Penguin Books（一九九五）

エリック・ブロックマン『ロードス島の二包囲戦〈Two Sieges of Rhodes: The Knights of St John at War 1480-1522〉』Barnes and Nobles（一九九六）

ジョナサン・ライリー・スミス『病院騎士：聖ヨハネ騎士団の歴史〈Hospitallers: The History of the Orders of St John〉』Palgrave Macmillan

（一九九九）
デイヴィッド・ニコル『ニコポリス十字軍一三九六：最後の十字軍〈Nicopolis 1396: The Last Crusade〉』Osprey Publishing（一九九九）
ヘレン・J・ニコルソン『病院騎士団〈The Knights Hospitaller〉』Boydell Press（二〇〇六）
アーネル・ブラッドフォード『一五六五年マルタ大包囲戦：文化の衝突〈The Great Siege, Malta 1565: Clash of Cultures〉』Open Road Media（二〇一四）
マロマ・カミレッリ編『包囲戦：マルタ一五六五〈Besieged: Malta 1565〉』Heritage Malta（二〇一五）
H・J・A・サイアー『マルタの騎士：現代の復活〈The Knights of Malta: A Modern Resurrection〉』Profile Books Ltd（二〇一六）
ジョン・カー『病院騎士団：聖ヨハネ騎士たちの軍事史〈The Knights Hospitaller: A Military History of the Knights of St John〉』Pen & Sword Military（二〇一六）

## 騎士の生活、文化、伝記

ダナ・カールトン・マンロー訳『十字軍の聖地からの手紙〈Letters of the Crusaders written from the Holy Land〉』ペンシルバニア大学（一八九七）
ギー・ステア・センティ『聖ヨハネ騎士団〈The Orders of Saint John〉』聖ヨハネ騎士団アメリカ協会（一九九一）
ヒュー・ケネディ『十字軍城塞〈Crusader Castles〉』Cambridge University Press（一九九四）
デイヴィッド・ニコル『聖地の騎士たち：一一八七――一三四四年〈Knight of Outremer AD 1187-1344〉』Osprey Publishing（一九九六）
シャルル・ムラ『マルタの大公たち：マルタ期の聖ヨハネ騎士団総長1530-1798〈The Princes of Malta: The Grand Masters of the Order of St John in Malta〉』Publishers Enterprises Group（二〇〇〇）
デイヴィッド・ニコル『エルサレムの騎士：十字軍の病院騎士団〈Knights of Jerusalem: The Crusading Order of Hospitallers 1100-1565〉』Osprey Publishing（二〇〇八）
ジェローム・バートラム編『レイモン・ド・ピュイ戒律〈The Rule of Blessed Raymond du Puy〉』マルタ騎士団イギリス大管区（二〇二〇）
リチャード・ウルフ『マルタ騎士団の聖なる男女：一二世紀から二一世紀までの列聖者と列福者〈Holy Men and Women of the Order of Malta: The Canonized and Beatified from the Twelfth to the Twenty-First Century〉』TAN Books（二〇二二）

ジョージ・A・サイード＝ザミット『マルタ騎士団治世下における一七・一八世紀マルタ島の家屋と居住空間〈Houses and Domestic Space in Seventeenth and Eighteenth Century Hospitaller Malta〉』Routledge（二〇一二）

**政治**

オリヴィエ・ファラン『国際法におけるマルタ主権騎士団〈The Sovereign Order of Malta in International Law〉』International & Comparative Law Quarterly 誌（一九五四）

ピーター・バンダー・ヴァン・デュレン『騎士修道会：カトリック騎士団と教皇庁の関係性〈Orders of Knighthood and Merit: The Pontifical, Religious and Secularised Catholic-founded Orders and their relationship to the Apostolic See〉』Colin Smythe（一九九五）

ホーゲン・ダイコーフ『聖ヨハネ騎士団の正当性：歴史的・法的分析と超宗教的現象のケーススタディ〈The legitimacy of Orders of St. John : a historical and legal analysis and case study of a para-religious phenomenon〉』ライデン大学博士学位論文（二〇〇六）

カロル・カースキ『エルサレム、ロードス及びマルタにおける聖ヨハネ主権軍事病院騎士修道会の国際法上の地位〈The International Legal Status of the Sovereign Military Hospitaller Order of St. John of Jerusalem of Rhodes and of Malta〉』International Community Law Review 誌（二〇一二）

ダリウス・フォン・ギュットナー＝スポルジンスキー『進化と順応：戦争と平和の聖ヨハネ騎士団〈Evolution and Adaptation: The Order of Saint John in War and Peace〉』Ordines Militares 誌（二〇一三）

**騎士道**

ラモン・リュイ著、ウィリアム・キャクストン訳『騎士道の書〈Order of Chivalry: The L'Ordene de Chevalerie〉』Kelmscott Press（一八九三）

レオン・ゴーティエ『騎士道〈La chevalerie〉』V. Palme（一八八四）

フランシス・W・コーニッシュ『騎士道〈Chivalry〉』Swan Sonnenshein & Co., Lim.（一九〇八）

**和書**

フィリップ・デュ・ピュイ・ド・クランシャン著、川村克己、新倉俊一訳『騎士道（文庫クセジュ353）』白水社（一九六三）

橋口倫介『中世騎士物語』社会思想社（一九七〇）

J・M・ファン・ウィンター著、佐藤牧夫訳、渡部治雄訳『騎士——その理想と現実』東京書籍（一九八二）
共同訳聖書実行委員会『聖書〈新共同訳〉』日本聖書協会（一九八八）
塩野七生『ロードス島攻防記』新潮文庫（一九九一）
塩野七生『レパントの海戦』新潮文庫（一九九一）
塩野七生『コンスタンティノープルの陥落』新潮文庫（一九九一）
タルタリ・チェザレ編『キリストと我等のミサ（改訂版）』サンパウロ（一九九一）
橋口倫介『十字軍騎士団』講談社（一九九四）
リチャード・バーバー著、田口孝夫監訳『図説 騎士道物語——冒険とロマンスの時代』原書房（一九九六）
ジャン・フロリ著、新倉俊一訳『中世フランスの騎士（文庫クセジュ８０６）』白水社（一九九八）
三浦權利『図説 西洋甲冑武器事典』柏書房（二〇〇〇）
グラント・オーデン著、堀越孝一監訳『新版 西洋騎士道事典——人物・伝説・戦闘・武具・紋章』原書房（二〇〇二）
エリザベス・ハラム編、川成洋・太田美智子・太田直也訳『十字軍大全——年代記で読むキリスト教とイスラームの対立』東洋書林（二〇〇六）
塩野七生『ローマ亡き後の地中海世界（上・下）』新潮社（二〇〇八・九）
塩野七生『十字軍物語〈１－３〉』新潮社（二〇一〇・一一）
佐藤次高『イスラームの「英雄」 サラディン——十字軍と戦った男』講談社学術文庫（二〇一一）
太田敬子『十字軍と地中海世界』山川出版社（二〇一一）
池谷文夫『ウルバヌス２世と十字軍——教会と平和と聖戦と』山川出版社（二〇一四）
モーリー・グリーン著、秋山晋吾訳『海賊と商人の地中海：マルタ騎士団とギリシア商人の近世海洋史』ＮＴＴ出版（二〇一四）
杉崎泰一郎『修道院の歴史：聖アントニオスからイエズス会まで』創元社（二〇一五）
フランシス・ギース著、椎野淳訳『中世ヨーロッパの騎士』講談社学術文庫（二〇一七）
佐藤彰一『剣と清貧のヨーロッパ 中世の騎士修道会と托鉢修道会』中公新書（二〇一七）
近藤和彦『近世ヨーロッパ』山川出版社（二〇一八）
佐藤賢一『テンプル騎士団』集英社新書（二〇一八）
皿木喜久『軍服の修道士 山本信次郎 天皇と法王の架け橋』産経新聞出版（二〇一九）

図表出典（敬称略）

イラスト　p. 91 Melissa / p. 226 上 みきさと / p. 226 下 さかさもか
マルタ騎士団提供　p. 28 / p. 140 / p. 191 / p. 194 / p. 196 / p. 198 / p. 202 / p. 203 / p. 204 / p. 205 / p. 210 / p. 213 / p. 215 / p. 217 / p. 228 / p. 235
筆者作成・撮影　p. 4 下 / p.16 / p. 18 / p. 24 / p. 49 / p. 89 / p. 90 / p. 115 / p. 117 / p. 148 / p. 149 下
Aflo　p. 199 / p. 200
PPS 通信社　p. 20 / p. 32 / p. 145
Shutterstock　p. 5 Vladislav Gurfinkel / p. 50 上 emre ander / p. 50 中 mohammad alzain / p. 61 上 Vladimir Zhoga / p. 61 中 Tomasz Czajkowski / p. 61 下 Philippos Philippou / p. 66 steve estvanik / p. 107 Parilov / p. 138 Karina Movsesyan / p. 139 Serg Zastavkin / p. 149 上 Serg Zastavkin / p. 149 中 steve estvanik / p. 164 Continentaleurope / p. 175 Popova Valeriya / p. 217 Utente:Jollyroger / p. 216 Hynek Moravec / p. 231 Karl Allen Lugmayer

カバー表：マルタ大包囲戦の勝利を神に感謝する総長ヴァレット（シャルル・フィリップ・ラリヴィエール画（19世紀）、ヴェルサイユ宮殿収蔵）
カバー裏：聖ヨハネ准司教座聖堂（マルタ・ヴァレッタ）のタイル装飾
序説見出し：マルタ騎士団儀礼剣

本書は書き下ろし作品です。
装幀　中央公論新社デザイン室

武田秀太郎（たけだ・しゅうたろう）

1989年三重県生まれ。九州大学都市研究センター准教授。京都大学工学部卒業、ハーバード大学修士課程修了、京都大学エネルギー科学研究科博士後期課程短縮修了。MLA（サステナビリティ学）、博士（エネルギー科学）。京都大学在学中、東日本大震災に際し休学し陸上自衛隊予備自衛官として任官、復学後も青年海外協力隊員としてバングラデシュ赴任。国際原子力機関（IAEA）ウィーン本部における国連職員勤務を経て現職。2022年6月、日本国籍として90年ぶりにマルタ騎士（ナイト・オブ・マジストラル・グレース＝主の恩寵の騎士）に叙任。専門は物理工学、サステナビリティ学。英国王立技芸協会フェロー、王立歴史学会正会員。文部科学省科学技術・学術審議会専門委員、京都フュージョニアリング社・共同創業者、一般社団法人計量サステナビリティ学機構・代表理事など。英国物理学会若手キャリア賞ほか受賞多数。

マルタ騎士団《きしだん》
——知《し》られざる領土《りょうど》なき独立国《どくりつこく》

2023年6月10日　初版発行
2023年12月30日　再版発行

著　者　武田秀太郎《たけだしゅうたろう》
発行者　安 部 順 一
発行所　中央公論新社
〒100-8152　東京都千代田区大手町 1-7-1
電話　販売 03-5299-1730　編集 03-5299-1740
URL　https://www.chuko.co.jp/

ＤＴＰ　今井明子
印　刷　大日本印刷
製　本　小泉製本


Published by CHUOKORON-SHINSHA, INC.
Printed in Japan　ISBN978-4-12-005659-8　C0022